Forex-Devisenhandel

Heiko Schmolke · Anabel Ternès · Ian Towers

Forex-Devisenhandel

Auswirkungen der US-amerikanischen
Arbeitsmarktberichte und
FOMC-Sitzungen

 Springer Gabler

Heiko Schmolke
Berlin, Deutschland

Ian Towers
Berlin, Deutschland

Anabel Ternès
Berlin, Deutschland

ISBN 978-3-658-11299-8   ISBN 978-3-658-11300-1 (eBook)
DOI 10.1007/978-3-658-11300-1

Die Deutsche Nationalbibliothek verzeichnet diese Publikation in der Deutschen Nationalbibliografie; detaillierte bibliografische Daten sind im Internet über http://dnb.d-nb.de abrufbar.

Springer Gabler
© Springer Fachmedien Wiesbaden 2016

Gedruckt auf säurefreiem und chlorfrei gebleichtem Papier

Springer Fachmedien Wiesbaden ist Teil der Fachverlagsgruppe Springer Science+Business Media
(www.springer.com)

Vorwort

Der Forex-Markt gilt als einer der am schnellsten wachsenden Märkte weltweit.

Forex, genauer der Devisenhandel Foreign Exchange, hat seinen Platz im Finanzgeschäft seit langem. Seine Relevanz allerdings wird oft noch unterschätzt und das gerade für verschiedenste Zielgruppen. Interessant für Privatanleger wie Banken bieten sich hier sowohl bei fallenden wie steigenden Kursen und sogar in Krisenzeiten große Gewinnchancen.

Bei der Beschäftigung mit der Bedeutung des Devisenmarktes und seiner zunehmenden Attraktivität auch für Kleinanleger stieß Heiko Schmolke auf die Relevanz bestimmter makroökonomischer Nachrichten auf die kurzfristige Wechselkursentwicklung ausgewählter Währungspaare. Der Wunsch, die Relevanz zu konkretisieren, aber vor allem die Korrelation zwischen den ausgewählten Nachrichten und den Wechselkursreaktionen herauszuarbeiten, bildeten mit die Basis und den Grund für die vorliegende Publikation.

Der Leser wird in diesem sehr fundierten, aber gleichzeitig kompakten Format in den Devisenhandel Foreign Exchange Markt eingeführt. Zudem erfährt er nicht nur die Bedeutung von makroökonomischen Nachrichten für den Devisenhandel. Auch geben die Ergebnisse zur Untersuchung der Relevanz der Veröffentlichungen zum US-amerikanischen Arbeitsmarkt und zu den Ergebnissen des Fed Offenmarktausschusses Hinweise zu guten Strategien im Forex-Markt.

Das Buch bietet eine klare leserfreundliche Struktur. Auf eine Einführung zum Thema und zur Problemstellung selbst folgt eine Darstellung der Forex und ihres ökonomischen Ordnungsrahmens: Fragen wie die Funktion und Bedeutung des Devisenmarktes, die Erklärung des Devisenhandels, der Kursbildung, der Akteure und der Kontenmodelle werden im nachfolgenden Kapitel geklärt.

Mit der monetären Theorie beschäftigt sich das anschließende Kapitel und greift hier vor allem die konjunkturellen und die geldpolitischen Implikationen auf, die im Rahmen der Untersuchung eine Rolle spielen. In die Tiefe führt dann das Kapitel 5, in dem die Bedeutung von makroökonomischen Nachrichten für den Devisenhandel diskutiert wird. Untersucht werden hier die Auswirkungen bzw. die Bedeutung der US Non-Farm Payrolls, der FOMC Meetings mit Sitzungsprotokoll und der FOMC Meetings ohne Sitzungsprotokoll auf den Forex-Markt.

Im Abschluss der vorliegenden Publikation werden die Teilergebnisse der vorangegangenen Kapitel miteinander in Beziehung gesetzt, um auch der Frage nach den Trends in diesem Bereich nachzugehen.

Inhaltsverzeichnis

Abbildungsverzeichnis

Abkürzungsverzeichnis

Abb.	Abbildung
AUD	Australischer Dollar
BIP	Bruttoinlandsprodukt
BIZ	Bank für Internationalen Zahlungsausgleich
bzw.	beziehungsweise
ca.	circa
CCT	Currency Cary Trade
CFD	Contracts for Difference bzw. Differenzkontrakt
CME	Chicago Mercantile Exchange
DB	Deutsche Bank
EA	Expert Advisor
EBS	Electronic Broking System
ECN	Electronic Communication Network
EDV	Elektronische Datenverarbeitung
ET	Eastern Time
ETF	Exchange-traded fund
EU	Europäische Union
EUR	Euro
EZB	Europäische Zentralbank
etc.	et cetera
Fed	Federal Reserve
ff.	folgende (Seiten)
FOMC	Federal Open Market Committee
Forex	Foreign Exchange
GB	Gigabyte
GMT	Greenwich Meantime
IT	Informationstechnologie
K	Kilo/Tausend
kB	Kilobyte
MB	Megabyte
MEZ	Mitteleuropäische Zeit

Mio.   Millionen

Mrd.   Milliarden

MQL   Metaweb query language

NFP   Nonfarm Payrolls

OTC   Over the Counter

p. m.   post meridiem

PPI   Producer Price Index

QE   Quantitative Easing

TB   Terrabyte

USD   US-Dollar

vgl.   vergleiche

Vol.   Ausgabe (Engl.: Volume)

JPY   Japanischer Yen

1 Einführung und Problemstellung

„Geld schläft nicht, Kumpel."
Michael Douglas als Gordon Gekko im Film Wall Street, 1987

Dass Geld nicht schläft, ist eine oft gehörte Weisheit und eine in der englischsprachigen Finanzwelt häufig verwendete Redensart. Sie hat es sogar bis in Oliver Stones Bestseller geschafft, der als Blockbuster „Wall Street" schon Kultstatus erreichte. Dass diese Redewendung heute mehr denn je zutrifft, zeigten bereits die mit dem Beginn des Internetzeitalters Ende der 1990er Jahre entstandenen Discountbroker, die es Ottonormalverbraucher erstmals ermöglichten, gegen eine geringere Gebühr als bei Hausbanken an unterschiedlichen Börsenplätzen weltweit Aktien, Anleihen und Fonds online und am Telefon zu handeln. Zusätzlich entstanden durch einen netzwerkartigen Zusammenschluss unterschiedlicher Discountbroker und Börsen neue, virtuelle Handelsplätze (bspw. XETRA, Tradegate).

Mittlerweile können Kleinanleger auch über sogenannte Differenzkontrakte oder Margin-Konten am größten aller Finanzmärkte rund um die Uhr teilnehmen, dem Devisenmarkt oder kurz Forex (Foreign Exchange Market). Der weltweite Devisenmarkt stellt vor allem aufgrund seiner Größenordnung eine Besonderheit dar. Wählt man den amerikanischen Dollar als Referenzwährung, so betrug laut einem Bericht der Bank für den Internationalen Zahlungsausgleich (BIZ) der durchschnittliche Umsatz am Tag im Jahr 2013 5,35 Billionen USD (BIZ 2013). Um das Phänomen Devisenmarkt im Kontext anderer wichtiger und globaler Märkte zu verdeutlichen, ermöglicht der zahlenmäßige Vergleich in Abbildung 1.1 eine Vorstellung von dem, was an Volumen an der Forex täglich umgesetzt wird.

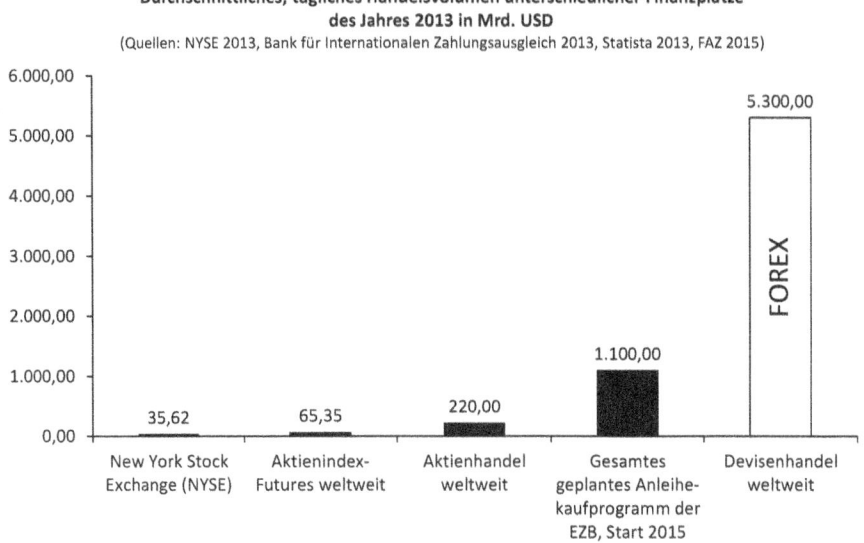

Durchschnittliches, tägliches Handelsvolumen unterschiedlicher Finanzplätze
des Jahres 2013 in Mrd. USD
(Quellen: NYSE 2013, Bank für Internationalen Zahlungsausgleich 2013, Statista 2013, FAZ 2015)

**Abbildung 1.1: Durchschnittliches, tägliches Handelsvolumen
verschiedener Märkte in Mrd. USD**

Aber auch im realwirtschaftlichen Kontext sind die Zahlen beeindruckend. Laut dem Statistischen Bundesamt betrug der Welthandel, also alle Güter, die durch Import bzw. Export Staatsgrenzen passieren, im Jahr 2008 ca. 16 Billionen US-Dollar. Demzufolge wird an der Forex täglich etwa ein Drittel des jährlichen Welthandels in Form von Devisen umgesetzt (Statistisches Bundesamt 2010, S. 37). Der durch den Handel verursachte Teil der Devisengeschäfte liegt nach Schätzungen der Bundesbank sogar noch etwa 10% höher (Stocker 2006, S. 160). Die enorme Höhe des Handelsvolumens wird durch ganz unterschiedliche Marktteilnehmer verursacht. Laut BIZ entfielen im Jahr 2013 allein etwa 4,9 Billionen USD auf sogenannte berichtspflichtige Händler (das sind in etwa alle großen bekannten Banken wie Deutsche Bank, Bank of America oder Santander) sowie „andere finanzielle Institutionen" (bspw. Versicherungsgesellschaften oder Pensionsfonds). Der Anteil sogenannter Retail-Kunden, also den Ottonormalverbrauchern unter den Anlegern, betrug im Jahr 2013 zwar nur 3,8% am gesamten Handelsvolumen, beeindruckt mit einem täglichen Umsatz von monetär ca.

200 Mrd. USD trotzdem (BIZ 2013). Wenn man bedenkt, dass Kleinanleger seit Anfang der 2000er Jahre Zugang zum internationalen Devisenmarkt haben, mag der Anteil von 3,9% gering erscheinen, ist aber innerhalb der vergangenen 15 Jahre sukzessive gewachsen. Darüber hinaus ist der Anteil gemanagter Devisenfonds, allen voran der sogenannten Hedge-Fonds im zweistelligen Prozentbereich anzusiedeln und somit indirekt durch seine Kunden ebenfalls im Bereich der Privatkunden anzusiedeln. Klaus Stocker (2006) stellt darüber hinaus in seinem Buch über das Management internationaler Finanz- und Währungsrisiken fest, dass Währungen von Investoren zunehmend als eigene Anlageklasse neben Aktien und festverzinslichen Wertpapieren betrachtet werden (Stocker 2006, S. 160). Neben dem allgemeinen Trend des steigenden Handelsvolumens an der Forex geht damit eine weitere ernstzunehmende Tendenz einher. Stocker (2006) wirft sogar die Frage auf, ob mit einem Handelsvolumen vorangenannter Größenordnung

„ [...] *das Weltfinanzsystem nicht inzwischen eine unkontrollierbare Quelle der Instabilität für die Weltwirtschaft und letztlich auch die Politik darstellt"* (Stocker 2006, S. 162).

Die Wechselkurs- bzw. Währungskonflikte der jüngsten Zeit stellen einen weiteren Grund zur Besorgnis dar. In der wissenschaftlichen Literatur werden diese Konflikte unter dem Begriff „Beggar thy neighbour" behandelt (vgl. Tille 2000). Das Ziel einer solchen ökonomischen Auseinandersetzung ist die kompetitive Abwertung der eigenen Währung um dadurch die internationale Wettbewerbsfähigkeit gegenüber anderer Volkswirtschaften zu verbessern. Die allgemeinen Folgen dieser Konflikte spiegeln sich schlussendlich in den jeweiligen Differenzen der Leistungsbilanzüberschüsse wider (vgl. Thompson 2011, S. 393 ff.). Populärwissenschaftliche Literatur, aber auch die seriöse Presse berichtet mittlerweile sogar regelmäßig von diesen „Währungskriegen". Um die tatsächliche Dramatik und realwirtschaftlichen Implikationen hinter diesem Problem zu verdeutlichen werden im Folgenden ein paar Beispiele aus den vergangenen fünf Jahren aufgegriffen. Eines der wohl schwersten Geschütze im Rahmen eines Währungskrieges haben die USA gegen Ende des Jahres 2008 aufgefahren. Innerhalb von 6 Jahren akkumulierte die Zentralbank der USA Staatsanleihekäufe in ihrer Bilanz auf ca. 4,5 Billionen USD (Anm.: US-amerikanisch: Trillion) (vgl. Wolfers 2014). Damit sollte unter anderem der US-Dollar künstlich geschwächt und somit die Inlandsnachfrage angekurbelt werden. Da dieses Programm, gemessen am signifikanten Rückgang der Arbeitslosenquote und Anstieg des BIP, inzwischen als Erfolg angesehen werden kann, kam 2014 die EZB unter Mario Draghi auf die Idee, ein ähnliches Kaufprogramm zu initiieren, mit der Absicht, unter anderem den Euro gegenüber anderer Weltwährungen, allen voran dem US-Dollar, massiv zu schwächen (vgl. Zeit Online 2015). Angefangen hatte es im Sommer 2014 mit der Senkung des Leitzinses auf ein historisches Tief von 0,15% und einer monatlich folgenden verbalen Konkretisierung des Anleiheankaufprogramms, welches im Frühjahr 2015 schließlich mit vorerst 1,14 Billionen EUR festgelegt wurde (vgl. wallstreet:online 2015).

Abbildung 1.2: Wechselkursentwicklung des EURUSD von März 2010 bis März 2014

Aber auch kleinere Volkswirtschaften scheuen sich nicht vor handfesten Auseinandersetzungen mit anderen Ländern an der Währungsfront. So hatte sich die Schweiz aufgrund der Eurokrise und der zunehmenden Staatsverschuldung der USA im September 2011 dazu entschlossen, mit Hilfe unlimitierter Devisenkäufe einen Mindestkurs von 1,20 Franken pro Euro durchzusetzen (vgl. Schweizerische Nationalbank 2011). Gegen Ende des Jahres 2014 verdichteten sich allerdings die Anzeichen einer absehbaren Zinserhöhung in den USA für das Jahr 2015. Und die vom Markt bereits erwartete offizielle Verkündung des Anleihekaufprogramms der EZB übte massiven Druck auf die Schweizerische Nationalbank aus (vgl. Danthine 2015). Im Januar 2015 wurde dann plötzlich der Mindestkurs aufgehoben, was zu einer dramatischen Reaktion am Devisenmarkt führte. Allein die Deutsche Bank und Citigroup sollen zusammen ca. 270 Mio. USD durch die unerwartete Aufhebung der Wechselkursbindung verloren haben (vgl. Reuters 2015).

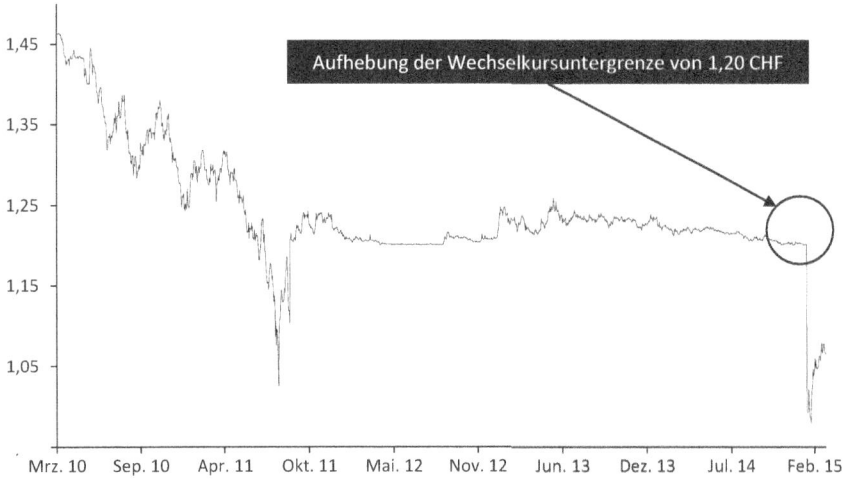

Abbildung 1.3: Wechselkursentwicklung des EURCHF von März 2010 bis März 2014

Das Bedeutende an Währungskonflikten ist die beabsichtigte Ankurbelung der inländischen Wirtschaft des intervenierenden Landes. Die Wirtschaftsleistung wiederum wird an ganz konkreten makroökonomischen Parametern gemessen. Hierzu zählen das BIP und die Arbeitslosenzahlen. Wobei dem letzten Parameter eine bedeutendere Rolle zukommt. Denn neben steigender Beschäftigung und somit in der Regel automatisch steigendem Bruttonationaleinkommen sorgt eine niedrige Arbeitslosigkeit auch für sozialen Frieden und dadurch Stabilität. Von großem Interesse ist daher bei Investoren die Veröffentlichung von makroökonomischen Parametern, wie Arbeitsmarktberichte oder die Höhe von Leitzinsen durch Zentralbanken. Hatte die makroökonomische Relevanz dieser Problematik noch vor Jahrzehnten maximal die institutionellen Investoren des Interbankenhandels beeinflusst, profitieren heute auch Kleinanleger (Retail-Kunden) über diverse Kontenmodelle von den Entwicklungen des Devisenmarktes.

Das Ziel dieser Untersuchung ist daher neben der Identifikation der zunehmenden Bedeutung des Devisenmarktes und der zunehmenden Teilhabe der Kleinanleger herauszufinden, welche Relevanz bestimmte makroökonomische Nachrichten auf die kurzfristige Wechselkursentwicklung ausgewählter Währungspaare haben. Dabei wird auch versucht, im Kontext makroökonomischer Rahmenbedingungen und Einflussfaktoren einen Trend abzuleiten und die Korrelation zwischen den ausgewählten Nachrichten und den Wechselkursreaktionen herauszuarbeiten. Bei der Analyse werden die Veröffentlichungen zum US-amerikanischen Arbeitsmarkt (Non-Farm Payrolls, NFP) und die Offenmarktausschussberichte der Federal Reserve mit und ohne anschließende Pressekonferenz (FOMC Meetings) im Zusammenhang mit der Wechselkursentwicklung ausgewählter Währungspaare betrachtet. Die Wechselkursschwankungen werden hierbei untertägig und in einem definierten Zeitintervall vor und nach der Veröffentlichung untersucht. Im Rahmen einer anschließenden Plausibilitätsprüfung wird das Ergebnis in einen realwirtschaftlichen Kontext gebracht. Hierzu ist es notwendig, zu Beginn einen kurzen theoretischen Abriss über den Devisenmarkt sowie der Wechselkurs- und Währungssysteme und ihren Implikationen zu geben.

Die Komplexität des analysierten Datenbestandes, seine Verfügbarkeit sowie die anschließende Auswertung erfordert ebenfalls eine kurze Beschreibung und Betrachtung im Rahmen der Datenerhebung und -auswertung, kurz: Big Data. Hier soll vor allem auf die relevante Methodik und die verwendeten Techniken eingegangen werden. Eine Schlussbetrachtung fasst die wesentlichen Ergebnisse und Erkenntnisse der Untersuchung zusammen, wobei neben der statistischen Signifikanz und dem makroökonomischen Zusammenhang auch die Möglichkeit eines Trends geprüft wird.

Literaturverzeichnis

BIZ (2013): *Triennial Central Bank Survey, Foreign exchange turnover in April 2013: preliminary global results*, Monetary and Economic Department, Bank for International Settlements, September 2013, http://www.bis.org/, aufgerufen am 20.02.2015.

Danthine, Jean-Pierre (2015): *Die Presse war voller Spekulationen*, Interview mit dem Tagesanzeiger, http://www.tagesanzeiger.ch/, aufgerufen am 14.03.2015.

Reuters (2015): *Deutsche Bank soll 150 Millionen Dollar verloren haben*, Der Spiegel, http://www.spiegel.de/, aufgerufen am 14.03.2015.

Schweizerische Nationalbank (2011): *Nationalbank legt Mindestkurs von 1.20 Franken pro Euro fest*, Pressemitteilung der Schweizerischen Nationalbank vom 06. September 2011, Zürich.

Statistisches Bundesamt (2010): *Export, Import, Globalisierung; Deutscher Außenhandel und Welthandel, 1990 bis 2008*, Statistisches Bundesamt, Wiesbaden, http://www.destatis.de/, aufgerufen am 20.02.2015.

Stocker, Klaus (2006): *Management internationaler Finanz- und Währungsrisiken*, zweite überarbeitete Auflage, Wiesbaden: GMV Fachverlage GmbH.

Thompson, Henry (2011): *International Economics: Global Markets and Competition*, 3rd edn., Singapur: World Scientific Publishing Company.

Tille, Cédric (2000): *Beggar-thy-neighbor or beggar-thyself? The income effect of exchange rate fluctuations*, Staff Report, Federal Reserve Bank of New York, No. 112.

wallstreet:online (2015): *Draghi zündet Bazooka - das Quantitative Easing kommt!*, http://www.wallstreet-online.de/, aufgerufen am 14.03.2015.

Wolfers, Justin (2014): *The Fed Has Not Stopped Trying to Stimulate the Economy*, The New York Times, http://www.nytimes.com/, aufgerufen am 14.03.2015.

Zeit Online (2015): *Draghis Milliardenspiel*, Zeit Online, http://www.zeit.de/, aufgerufen am 14.03.2015.

2   Der FX-Markt und sein ökonomischer Ordnungsrahmen

Die Komplexität währungstechnischer Themengebiete umfasst neben dem Geld als solches nahezu alle ökonomischen Disziplinen und auch politischen Einflussbereiche auf nationaler sowie internationaler Ebene. Daher sind selbst geschulten Fachleuten und Managern die mit dem Gebiet der Devisen verknüpften zahlreichen Phänomene oft nicht geläufig. Der Anspruch dieses Abschnitts besteht nicht auf Vollständigkeit in der Wiedergabe währungstechnischer Grundlagen und Spezifika, sondern soll vielmehr eine begriffliche Basis für das Verstehen der anschließend in Kapitel 5 behandelten makroökonomischen Zusammenhänge für ausgewählte Währungspaare herstellen. Fachkundige Leser mögen diese Abschnitte überspringen und direkt zur Auswertung unter Kapitel 5 gehen.

2.1   Wechselkurs- und Währungssysteme

Das heutzutage prägende Element der internationalen Währungsordnung sind die flexiblen Wechselkurse (Siebert 2007, S. 431). Gemessen an den Zahlungsströmen weltweit sind die bedeutendsten Währungen der US-Dollar, der Euro, der japanische Yen und das britische Pfund, welche untereinander flexibel handelbar sind.

Zentrales Merkmal eines flexiblen Wechselkurses ist das Prinzip einer marktwirtschaftlichen Preisbildung. Dabei bewirkt eine Verschiebung von Angebot und/oder Nachfrage unterschiedlicher Währungen eine Veränderung der gleichgewichtigen Wechselkurse (vgl. Caspers 2002, S. 141). Allerdings war der Weg hin zu flexiblen Wechselkursen im Laufe der Geschichte geprägt von einer über mehrere Jahrzehnte andauernden Wechselkursbindung. Diese Bindung der Wechselkurse ist bekannt unter dem Begriff „Bretton Woods". Dieses nach dem Zweiten Weltkrieg hergestellte Währungssystem wurde von 44 Nationen unterzeichnet und war auf den US-Dollar als Leit- und Ankerwährung ausgerichtet (Stocker 2006, S. 158). Gleichzeitig war der US-Dollar an das Edelmetall Gold gebunden. Die an das Bretton-Woods-System angeschlossenen Währungen konnten maximal um ±0,75% gegenüber dem US-Dollar schwanken. Neben der Goldbindung des Dollars von 35 USD pro Feinunze Gold bestand zusätzlich die Verpflichtung, jeden US-Dollar auch in Gold einzulösen (Stocker 2006, S. 158). Nach einer Phase zwischen 1945 und 1973, in welcher das System relativ gut funktionierte, musste schließlich aufgrund fehlender Mechanismen der Zahlungsbilanzanpassung, der Dominanz des US-Dollars und durch große strukturelle Unterschiede in der weltwirtschaftlichen Entwicklung die Goldeinlösepflicht abgeschafft werden und die Wechselkurse wurden freigegeben. Kurz zuvor hatten sich bereits der Schweizer Franken und das Britische Pfund vom Bretton-Woods-System abgekoppelt. Ein weiteres historisches Beispiel für eine feste Wechselkursbindung war das von 1979 bis 1998 bestehende Europäische Währungssystem (vgl. Caspers 2002, S. 141).

Es kann also festgehalten werden, dass beide der hier vorgestellten idealtypischen Systeme als gemeinsames Kennzeichen eine *feste Parität* bzw. *Leitkurse* aufwiesen. Die in unserer heutigen Zeit vorzufindenden Wechselkurse müssen allerdings unterschieden werden zwischen Wechselkursen, welche sich wirklich völlig frei am Markt bilden, und solchen, welche teilweise massiv durch freiwillige und mehr oder weniger koordinierte Interventionen verschiedener Zentralbanken beeinflusst werden (vgl. Caspers 2002, S. 142). Daher ist es sinnvoll, gerade im Kontext der Auswertung unter Kapitel 5 die realtypischen Wechselkurssysteme zu klassifizieren. Im heute vorherrschenden Weltwährungssystem sind in abgestufter Form zwischen absolut festen und völlig freien Wechselkursen sechs verschiedene Typen von Wechselkursen nach Caspers (2002) anzutreffen:

I. Wechselkursregelung ohne eigenes gesetzliches Zahlungsmittel

Ein solches Land besitzt keine eigene Währung und verwendet in der Regel die Währung eines anderen Landes als alleiniges Zahlungsmittel. Heutzutage betrifft das vor allem den Euro und den US-Dollar. So verwenden beispielsweise einige lateinamerikanische Staaten, wie Ecuador und Panama den US-Dollar als inländische Währung, wobei Panama nebenbei auch noch den Balboa verwendet, welcher aber wiederum 1:1 an den US-Dollar gekoppelt ist (Van Harssel et al. 2014, S. 129).

II. Wechselkursregelung in Form eines Currency Board

Bei der Currency-Board-Regelung fixiert ein Land den Wechselkurs seiner inländischen Währung zu dem einer ausländischen. Dabei verpflichtet es sich, die Inlandswährung zu dem bestimmten festen Wechselkurs gegen eine bestimmte Auslandswährung umzutauschen. Allerdings unterliegt die Währungsbehörde des betreffenden Landes bei der Erfüllung der Verpflichtung gewissen Beschränkungen. Diese Form der Wechselkursregelung wird beispielsweise mit dem Euro eingegangen (bspw. Bosnien und Herzegowina oder die Komoren).

III. Feste Wechselkurse mit Bindung an eine Einzelwährung oder an einen Währungskorb

Bei dieser Form der Wechselregelung bindet ein Land seine Währung formell oder de facto mit einer Parität an eine große Währung oder einen Währungskorb, wobei der Wechselkurs dann nur innerhalb einer festgelegten Bandbreite schwanken darf.

IV. Stufenweise Kursanpassungen bzw. Bandbreitenanpassungen

Der Wechselkurs einer Währung wird hier regelmäßig in kleinen Stufen mit einem festen, vorher angekündigten Prozentsatz bzw. als Reaktion auf Veränderungen ausgewählter quantitativer Indikatoren angepasst (crawling peg). Der Wechselkurs kann aber auch innerhalb einer bestimmten Bandbreite gehalten werden, die mit dem betreffenden Leitkurs nach oben oder unten variiert werden kann (adjustable peg).

V. Kontrolliertes Floating (managed floating)

Bei dieser Form der Wechselkursregelung ist die Währung des betreffenden Landes relativ flexibel, allerdings behält sich die zuständige Währungsbehörde vor, durch Interventionen am Devisenmarkt die Wechselkursentwicklung zu beeinflussen. Dabei wird im Voraus kein bestimmter Wechsel-kurspfad festgelegt und angekündigt und die Behörde verpflichtet sich nicht zur Einhaltung eines vorgegebenen Wechselkurspfades. Durch diese Form der Wechselkursregelung können politisch unliebsame Wechsel-kurstrends und reale Marktschwankungen aktiv durch Eingreifen in das Devisenmarktgeschehen beeinflusst werden.

VI. Unabhängiges Floating (frei flexible Wechselkurse)

Die Bildung des Wechselkurses wird bei dieser Form der Wechselkursrege-lung grundsätzlich den Marktkräften überlassen. Interventionen am Devi-senmarkt durch Währungsbehörden erfolgen allenfalls mit dem Zweck, kurzfristige Schwankungen des Wechselkurses zu glätten und übermäßige Kursschwankungen zu verhindern. Politisch motivierte Trendkorrekturen bestimmter Kursniveaus sind dabei nicht das Ziel.

Welches Wechselkurssystem nun gewählt wird, ist stark von dem nationa-len Interesse und den internationalen Verflechtungen abhängig. Ein Land, welches beispielsweise stark vom Export abhängt, wird eher ein System fester Wechselkurse bevorzugen. Dennoch kann festgestellt werden, dass innerhalb der vergangenen zwei Jahrzehnte eine Zunahme in die Extreme der Wechselkursregelungen zu verzeichnen ist. Laut Internationalem Wäh-rungsfonds gibt es eine steigende Tendenz freier Wechselkurse (Float), aber auch sogenannter Währungsintegration (Dollarisierung oder Currency Board). Die Faktoren, welche die Wahl des Wechselkurssystems bestim-men, stellen zusammen mit dem Währungssystem wichtige Parameter für die Finanzwirtschaft dar. Wobei unter den Begriff des Währungssystems die Währungsverfassung, die Währungsreserven, das Wechselkurssystem und die wirtschaftspolitische Geld- und Währungspolitik untergeordnet wird (vgl. Sell 2003, S. 133 ff.). Die Deutsche Bundesbank definiert das Internationale Währungssystem wie folgt:

„Als Internationales Währungssystem wird das Rahmenwerk von Regeln bezeichnet, das auf dem Gebiet der Währungspolitik die internationale

Zusammenarbeit ordnet. Wesentliche Teile davon betreffen die Ordnung des internationalen Zahlungs- und Kapitalverkehrs (Konvertibilität), die grundsätzliche Art der Wechselkursbildung (Wechselkurssystem), die Reservewährung (z. B. Gold-Devisen-Standard) und auf längere Sicht die Bereitstellung internationaler Liquidität durch die beteiligten Nationen." (Deutsche Bundesbank 2015).

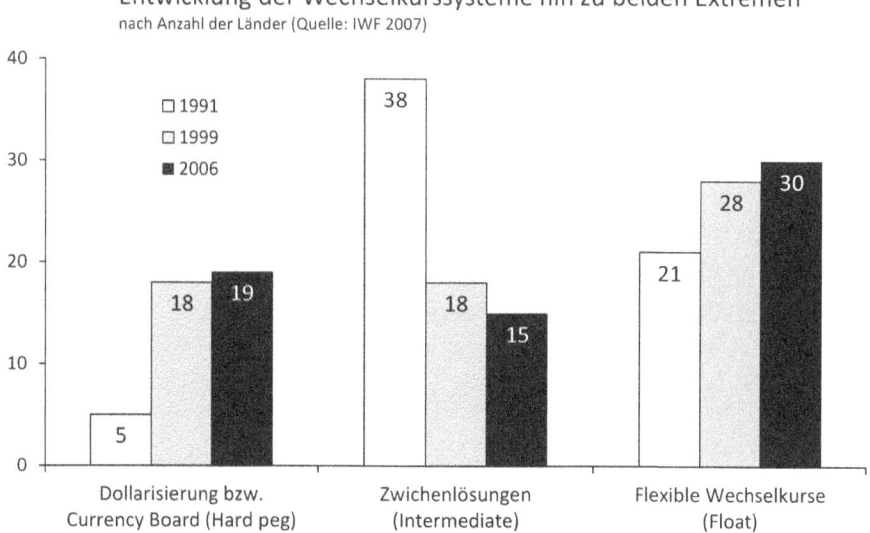

Abbildung 2.1: Entwicklung der Wechselkurssysteme

Von besonderem Interesse für diese Untersuchung ist die Geld- und Währungspolitik, wofür die Zentralbanken als Institutionen zuständig sind. Das vorrangige Ziel nahezu aller Zentralbanken dieser Welt ist die Gewährleistung der Preisstabilität (vgl. Goodhart 1995, S. 263 ff.). Um dieses Ziel zu erreichen, bedient sich die Zentralbank unterschiedlicher Instrumente aus den Bereichen Währungs- und Geldpolitik.

2.2   Funktion und Bedeutung des Devisenmarktes

Das wesentliche Erscheinungsmerkmal des Devisenmarktes ist seine Funktion als Drehscheibe für die Abwicklung von Leistungs- und Finanztransaktionen mit dem Ausland. Dabei werden fremde Währungen (Valuta, Auslandsgeld) gegen heimische Währung (Inlandgeld) getauscht (vgl. Caspers 2002, S. 35).

Unter den Währungen versteht man zahlbare Zahlungsanweisungen, also **Devisen**, in Form von Schecks, Wechsel, Überweisungen oder ähnlichem „Buchgeld". Die den Devisen gegenüberstehenden **Sorten** sind die (ausländischen) gesetzlichen Zahlungsmittel wie Banknoten (vgl. Stocker 2006, S. 148). Obwohl der Sortenhandel in den Devisenhandel eingeschlossen ist, ist er jedoch vom Volumen her vollkommen unbedeutend und an der Preisbildung nicht beteiligt. Der Devisenhandel entsteht laut Stocker (2006) nach den in Abbildung 2.1 dargestellten Transaktionen.

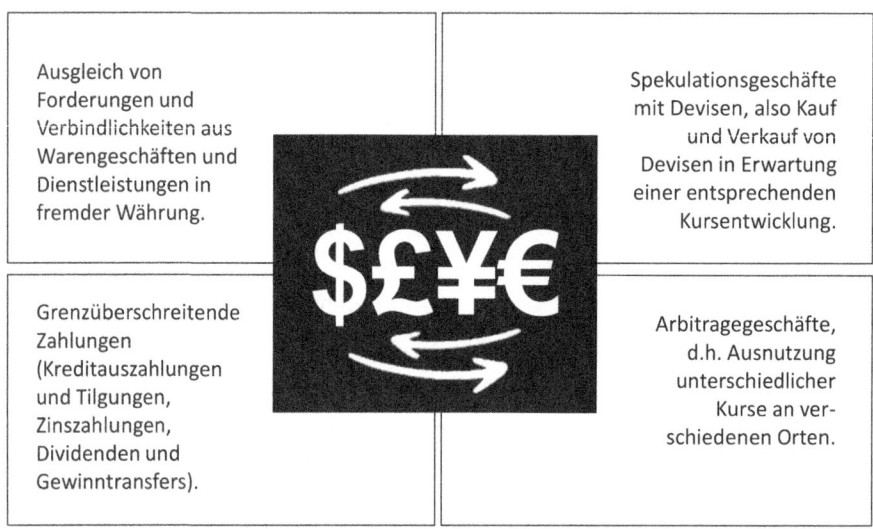

Ausgleich von Forderungen und Verbindlichkeiten aus Warengeschäften und Dienstleistungen in fremder Währung.

Spekulationsgeschäfte mit Devisen, also Kauf und Verkauf von Devisen in Erwartung einer entsprechenden Kursentwicklung.

Grenzüberschreitende Zahlungen (Kreditauszahlungen und Tilgungen, Zinszahlungen, Dividenden und Gewinntransfers).

Arbitragegeschäfte, d.h. Ausnutzung unterschiedlicher Kurse an verschiedenen Orten.

Abbildung 2.2: Devisenhandel nach Stocker 2006

Das Geld, das von den verschiedenen Akteuren angeboten und nachge-
fragt wird, verkörpert nichts anderes als Kaufkraft in fremder Währung.
Laut Caspers (2002) benötigt man diese Kaufkraft in fremder Währung
nicht nur zum Erwerb von Waren und Dienstleistungen auf ausländischen
Gütermärkten, sondern auch zum Kauf ausländischer Wertpapiere, wie
beispielsweise Aktien oder Bonds, sowie zur Tilgung von Fremdwährungs-
krediten, die im Ausland aufgenommen wurden. Abbildung 2.3 veranschaulicht den Waren- und Zahlungsstrom bei einem Import bzw. Export.

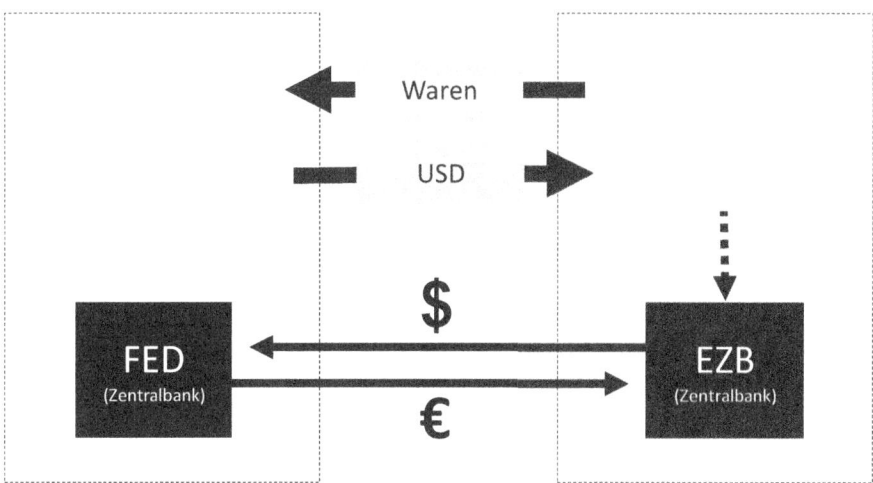

**Abbildung 2.3: Zwischenstaatliche Zahlungsströme bei einem Import oder Export
nach Stocker 2006**

Als Funktion des Devisenmarktes versteht man Kaufkraft von Inlandswährung in Auslandswährung umzuwandeln. Der Devisenmarkt ist demzufolge
das zentrale Bindeglied zwischen nationalen Geld-, Kredit- und Kapital-
märkten. Dabei gibt es eine Vielzahl an Vorgängen und Einflussfaktoren,
ausgehend von Leistungs- und Finanztransaktionen bis zur Abstimmung
von Angebot und Nachfrage am Devisenmarkt, die die Höhe des Wechselkurses beeinflussen. Aber auch umgekehrt hat der Wechselkurs eine be-
deutsame Auswirkung auf die Entwicklung wichtiger gesamtwirtschaftli-

cher Größen im Inland und im Ausland. Abbildung 7 veranschaulicht das Devisenmarktgleichgewicht und soll im Folgenden dazu dienen, die Abhängigkeit der Wechselkursbildung von realwirtschaftlichen Parametern zu erläutern.

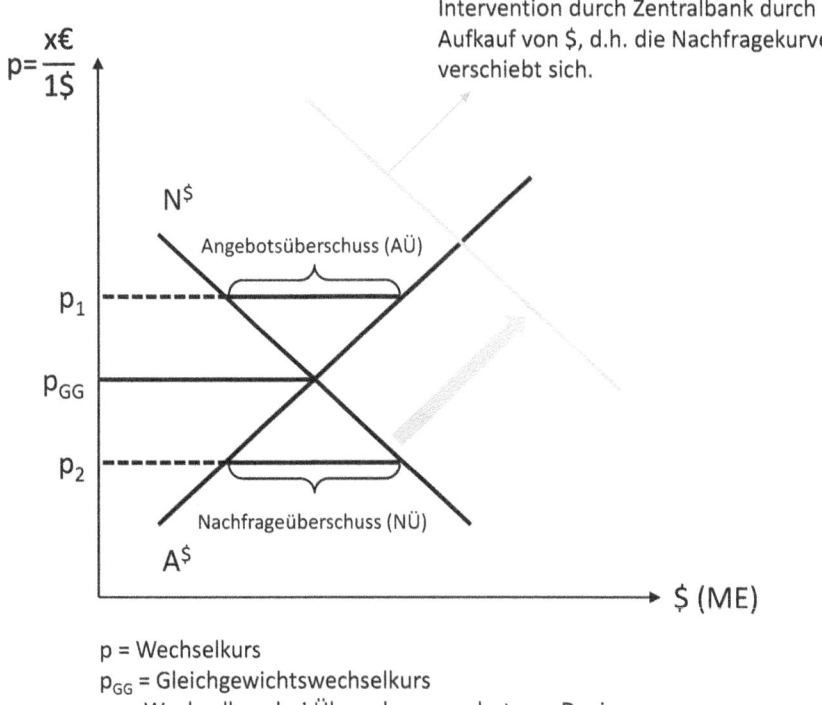

$p = \dfrac{x€}{1\$}$

Intervention durch Zentralbank durch Aufkauf von \$, d.h. die Nachfragekurve verschiebt sich.

$N^\$$

Angebotsüberschuss (AÜ)

p_1

p_{GG}

p_2

Nachfrageüberschuss (NÜ)

$A^\$$

\$ (ME)

p = Wechselkurs
p_{GG} = Gleichgewichtswechselkurs
p_1 = Wechselkurs bei Überschussangebot von Devisen
p_2 = Wechselkurs bei Überschussnachfrage an Devisen
$N^\$$ = Devisennachfragemenge
$A^\$$ = Devisenangebotsmenge

Abbildung 2.4: Devisenmarkt nach Caspers 2002, Siebert und Lorz 2007

Bei dem Gleichgewichtspreis p_{GG} ist die Überschussnachfrage nach Devisen Null, was realwirtschaftlich gesprochen bedeutet, dass der Handelsbilanzsaldo ebenfalls Null ist. Bei einem Handelsbilanzüberschuss befindet sich der Wechselkurs in einem Umfeld, bei dem ein Überschussangebot an

Devisen herrscht (p_1). Am konkreten Beispiel bedeutet das, dass der Euro aufgewertet wird, um den Gleichgewichtspreis p_{GG} wieder herstellen zu können und somit für einen Dollar weniger bezahlt werden muss. Bei einem Handelsbilanzdefizit liegt der Wechselkurs bei p_2 und es gibt eine Überschussnachfrage nach Devisen, die sich durch eine Abwertung beseitigen lassen würde (vgl. Siebert und Lorz 2007, S. 428 ff.).

Um den realwirtschaftlichen Kontext weiter zu verdeutlichen, sei erwähnt, dass Devisenangebot und Devisennachfrage zum einen von den Außenhändlern abhängen, die ihre Export- und Importgeschäfte in fremder oder in eigener Währung abwickeln, und zum anderen von den Zinsarbitrageuren und Spekulanten, die ihre Finanztransaktionen von Zinsdifferenzen (Carry-Trades) und Wechselkurserwartungen abhängig machen (vgl. Caspers 2002, S. 135).

Caspers (2002) stellt in seinem Buch über Zahlungsbilanz- und Wechselkurse darüber hinaus fest, dass es letztlich kaum ein wirtschaftliches, politisches oder soziales Ereignis gibt, das keinerlei Einfluss bzw. Rückwirkung auf den Wechselkurs hat. Er weist zusätzlich darauf hin, dass es durch die simultane Änderung nahezu aller Größen bei der Devisenmarkt- und Wechselkursanalyse entscheidend darauf ankommt, zwischen Ursache und Wirkungen beobachteter Wechselkursänderungen sorgfältig zu unterscheiden, was bedeutet, dass die Phänomene der Wechselkursbildung und der Wechselkurseffekte sehr genau auseinanderzuhalten sind.

2.3 Devisenhandel

Bevor in diesem Abschnitt die Geschäftsmodelle und Finanzinstrumente näher dargestellt werden, sollen ausgewählte Statistiken einen Überblick über die Verteilung wichtiger Parameter verschaffen.

Zu erwähnen sind zum einen die Devisen an sich. Hier macht es allerdings Sinn, gerade im Kontext des Untersuchungsgegenstandes dieser Arbeit den Status Quo zu beleuchten. Auf eine historische Gegenüberstellung einzelner Währungen vor Einführung des Euro wird daher verzichtet, auch wenn die Deutsche Mark über viele Jahrzehnte hinweg ein zentraler Bestandteil des Internationalen Währungssystems gewesen ist.

Obwohl der Euro als nationenübergreifende Währung des Euroraums noch relativ jung ist, spielt er doch eine herausragende Rolle im weltweiten Finanzgeschehen. Nach dem US-Dollar ist der Euro noch vor dem japanischen Yen die volumenmäßig zweitgrößte Währung an der Forex. Trotzdem stellt er aktuell (Stand 2013) mit seinem Handelsvolumen noch nicht einmal die Hälfte der an der Forex umgesetzten US-Dollar dar. Dies kann u. a. damit begründet werden, dass der US-Dollar über viele Jahrzehnte (Bretton-Woods-System) als Weltwährung galt und auch heute noch viele Rohstoffe, wie Rohöl oder Edelmetalle an den US-Dollar gekoppelt sind (vgl. Rajan 2012, S. 61).

durchschnittliches, tägliches Handelsvolumen an der Forex (in Mio.) im Jahr 2013
(Quelle: Bank für Internationalen Zahlungsausgleich 2013)

Summe in USD, transaktionsbezogen	Gesamt	Spotgeschäfte	Forwards	Forex-Swaps	Devisen-Swaps	FX-Optionen
	5.344.549	2.046.158	679.994	2.227.629	54.023	336.745
USD	4.652.192	1.691.238	587.706	2.029.559	50.262	293.427
EUR	1.785.720	754.276	177.772	765.505	17.858	70.308
JPY	1.231.249	612.341	122.686	331.876	11.002	153.344
GBP	631.173	226.741	69.347	301.418	4.707	2.896
AUD	461.689	195.977	49.642	182.599	6.014	27.457
CHF	275.472	84.369	26.952	149.139	1.419	13.594
CAD	244.089	93.488	36.096	100.712	2.188	11.606
MXN	13.528	56.751	13.844	57.849	794	6.041
CNY	119.563	3.395	28.104	39.923	510	17.077
andere Währungen	1.152.670	343.186	247.839	496.676	13.293	51.677

Abbildung 2.5: Tägliches Handelsvolumen an der Forex (in Mio.) im Jahr 2013

Was sich genau unter den einzelnen Finanzinstrumenten, wie Spot, For-ward oder Swap verbirgt, wird in Abschnitt 2.3.2 näher beschrieben. Bei den Umsätzen im Devisenhandel gibt es eine klare Tendenz, auch, wenn diese regional sehr große Unterschiede aufweisen.

So kann beobachtet werden, dass die Devisenumsätze in Deutschland innerhalb der vergangenen fünf Jahre nur moderat gestiegen und deutlich hinter der durchschnittlichen Entwicklung des globalen Devisenhandels zurückgeblieben sind. Diese Tatsache liegt an unterschiedlichen Faktoren, für deren detaillierte Aufarbeitung innerhalb dieser Untersuchung kein Platz ist. Dennoch kann allgemein festgestellt werden, dass Deutschland ganz generell tendenziell ein Land risikoaverser Menschen ist, wenn es um Aktien oder spekulative Anlageklassen geht (vgl. Investor-Verlag 2014). Abbildung 2.7 zeigt die Entwicklung des durchschnittlichen, täglichen Um-satzes von Devisen an der Forex in Deutschland und in den USA in den jahren 1998 bis 2013.

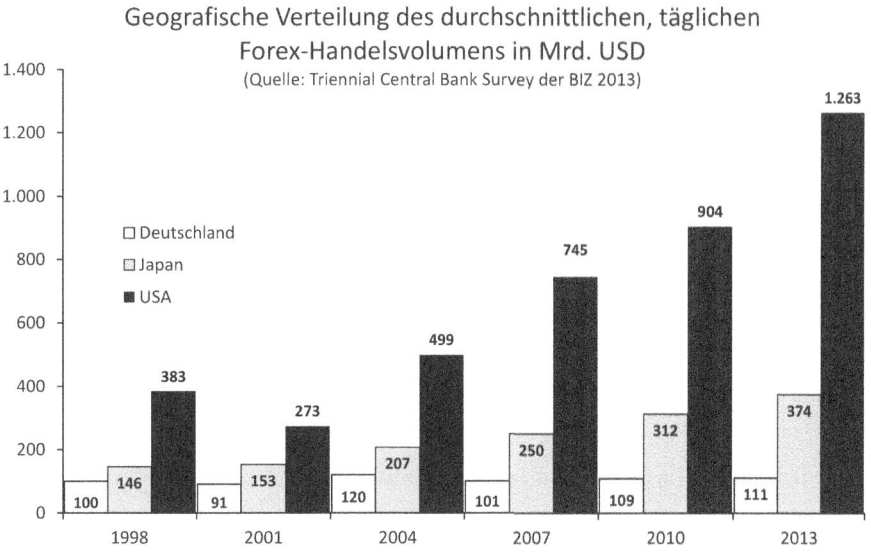

Abbildung 2.6: Geografische Verteilung des Handelsvolumens an der Forex in Mrd. USD

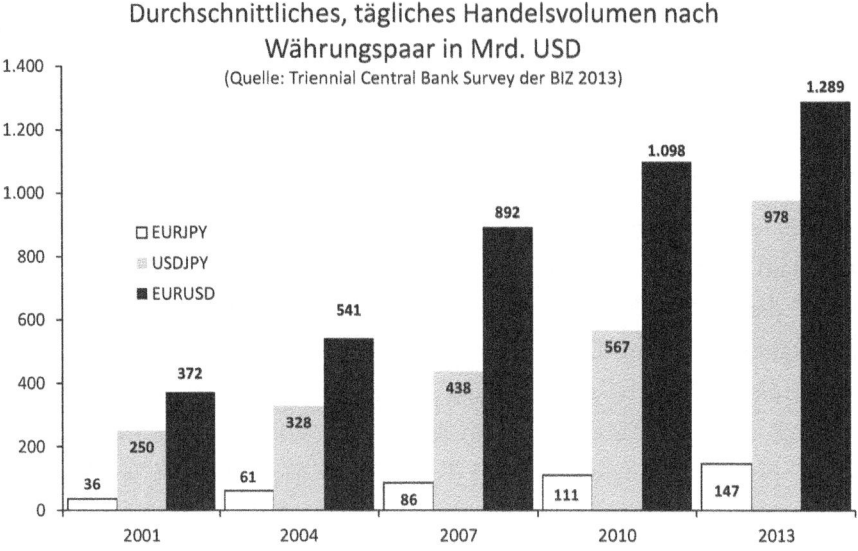

Abbildung 2.7: Tägliches Handelsvolumen an der Forex nach Währungspaaren in Mrd. USD

Wie in Abbildung 10 ersichtlich ist, hat aber auch der Euro seinen Anteil am weltweiten Finanzgeschehen weiter ausbauen können. Dies liegt unter anderem daran, dass ein Währungspaar, das an der Forex gehandelt wird, immer aus zwei Währungen besteht. Im Fall des EURUSD ist natürlich die Entwicklung des Umsatzes dieses Währungspaares auch an die Entwicklung und Geldmenge des US-Dollar gekoppelt. Abbildung 11 zeigt, mit welcher signifikanten Dynamik das Handelsvolumen an Devisentransaktionen an den Kassa- und Terminmärkten innerhalb von 1998 bis 2013 zugenommen hat. Im internationalen Kontext kann somit zweifellos geschlussfolgert werden, dass der Devisenmarkt, gemessen an seinem Umsatzvolumen, immer bedeutsamer für die globale Finanzwirtschaft wird und wie bereits unter Kapitel 1 festgestellt, Devisen als eigene Anlageklasse unter den Investoren zusehends an Bedeutung gewinnen. Somit bleibt abzuwarten, ob die volumenmäßige Kluft zwischen Deutschland und dem Rest der Welt in den kommenden Jahren geschlossen wird. Selbst wenn man zum Status Quo aufschließen sollte, könnte im Bereich des Retail-Kunden-Geschäftes möglicherweise ein eigener Wirtschaftszweig bzw. ein eigenes Geschäfts-feld innerhalb der Finanzwirtschaft entstehen.

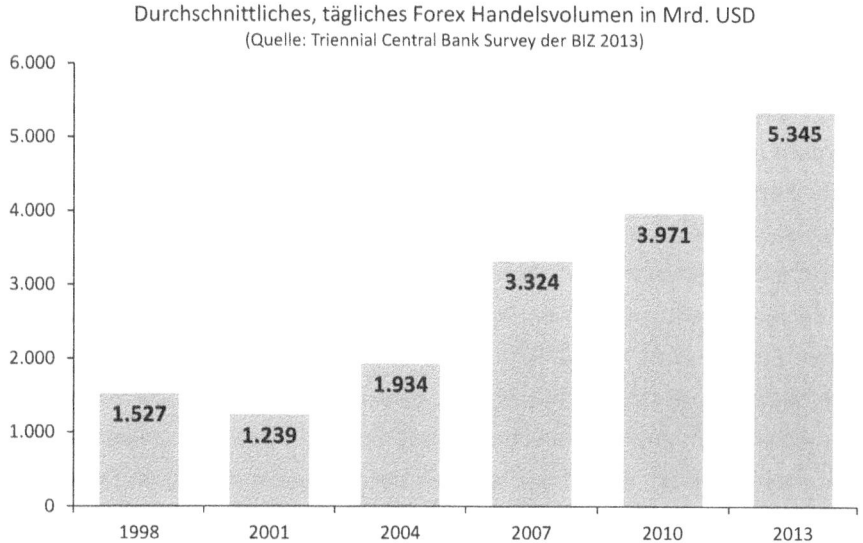

Durchschnittliches, tägliches Forex Handelsvolumen in Mrd. USD
(Quelle: Triennial Central Bank Survey der BIZ 2013)

Abbildung 2.8: Entwicklung des täglichen Handelsvolumens an der Forex von 1998 bis 2013

Es stellt sich nun die Frage, an welchem physischen Markt und mit welchen finanziellen Instrumenten eine Summe von über 5 Bio. USD täglich gehan-delt werden kann. Der Devisenmarkt funktioniert heute von amtlichen Devisenbörsen, also realen Handelsplätzen losgelöst. Der größte Teil des Devisenhandels findet unter Banken im sogenannten Interbankenhandel außerbörslich statt (Over The Counter, kurz OTC). Caspers (2012) stellt fest: „Der Devisenhandel ist sozusagen ein weltweiter Großhandel, der jeweils an mehreren Handelsplätzen gleichzeitig und nahezu rund um die Uhr stattfindet." (Caspers 2002, S. 38). Er unterteilt die Devisengeschäfte dabei nach gewinnbringenden Unterscheidungsmerkmalen. Diese Unterschei-dungsmerkmale sollen im Folgenden kurz aufgeführt werden.

2.3.1   Devisengeschäfte

Kursarbitrage

Zum einen besteht für Marktteilnehmer des Devisenhandels die Möglichkeit, Kursdifferenzen gewinnbringend auszunutzen. Bei dieser unter Kursarbitrage bekannten Methode werden Devisen an sich unterscheidenden Orten gekauft bzw. verkauft. So können entsprechende Währungen am Ort mit dem niedrigsten Kurs gekauft und am Ort mit dem höchsten Kurs verkauft werden (Kursausgleichsarbitrage). Eine weitere Möglichkeit sind die durch regionale Kursdifferenzen motivierten Transaktionen, auch bekannt als Dreiecksarbitrage. Hier werden unterschiedliche Währungen gegeneinander getauscht und am Ende in die Ausgangswährung zurückgetauscht (bspw. Euro → Yen → US-Dollar → Euro). Die Kursdifferenz entsteht aus dem Sachverhalt, dass sich aus zwei bilateralen Wechselkursen zwischen drei Währungen ein Kreuzwechselkurs (cross rate) zwischen zwei Währungen ermitteln lässt. Allerdings werden heutzutage mögliche Kursdifferenzen einzelner Währungen auf verschiedenen Teilmärkten innerhalb kürzester Zeit zum Verschwinden gebracht, was bedeutet, dass die Bewertungen einer bestimmten Devise im Regelfall überall auf der Welt gleich sind (vgl. Caspers 2002, S. 38).

Zinsarbitrage

Unter der Zinsarbitrage versteht man kurzfristige Kapitalexporte (Kapitalanlagen) bzw. kurzfristige Kapitalimporte (Kreditaufnahmen) mit dem Ziel, Zinsdifferenzen zwischen Inland und Ausland gewinnbringend auszunutzen. Dabei werden die Kursrisiken, die aus Sicht der Gläubiger und Schuldner entstehen können, durch termingebundene Devisenlieferungen ausgeschaltet. Solche kursgesicherten Zinsarbitrageschäfte bezeichnet man auch als Swapgeschäfte (Caspers 2002, S. 38).

Die Methode der Zinsarbitrage ist in der englischsprachigen Finanzwelt auch als Currency Carry Trade (CCT) bekannt. Beim CCT nimmt ein Marktteilnehmer einen Kredit in einer Währung mit niedrigem Zinsniveau auf und kauft von diesem Geld verzinsliche Wertpapiere, allerdings in einer anderen Währung und mit höherem Zinsniveau. Das generelle Ziel hierbei ist es, durch die höheren Zinseinkünfte nach Rückzahlung des Kredits einen Gewinn erwirtschaftet zu haben. Laut der sogenannten Zinsparitätentheorie dürften sich solche Geschäftsformen eigentlich nicht rechnen. Dennoch haben sich entgegen der theoretischen Voraussagen die Currency Carry Trades in den Jahren zwischen 1999 bis 2005 als hochprofitabel erwiesen. Laut Deutscher Bundesbank konnte in diesem Zeitraum eine durchschnittliche, annualisierte Rendite von bis zu 15% zwischen dem Euro und dem US-Dollar erwirtschaftet werden (Deutsche Bundesbank 2005, S. 43).

Zinsarbitragegeschäfte können auch beim sogenannten Hedging von Bedeutung sein. Hat beispielsweise ein Exporteur eine Forderung im Ausland, die innerhalb des nächsten halben Jahres fällig wird, so kann er zur Absicherung des Kursrisikos zum Lieferzeitpunkt einen entsprechenden Kredit in der Auslandswährung aufnehmen, den entsprechenden Betrag zum aktuellen Kurs in die eigene, inländische Währung umtauschen und ihn zinsbringend anlegen. Bis auf die Verzinsung wäre damit das Kursrisiko eliminiert.

Devisenspekulation
Devisenspekulationsgeschäfte sind Geschäfte, die in der Erwartung geschlossen werden, einen prognostizierten Gewinn zu erwirtschaften, indem ein bestimmter Betrag an Devisen gekauft oder verkauft wird und in naher oder ferner Zukunft wieder verkauft oder gekauft wird, mit dem Ziel, sich den Kursunterschied in der Devisenkursentwicklung zunutze zu machen. Bei dieser Form des Devisengeschäftes ist der erwartete Gewinn nicht sicher kalkulierbar und es entstehen offene Positionen auf dem Kassa- oder Terminmarkt, die mit dem Risiko verbunden sind, dass sich die tatsächliche Kursentwicklung in unvorteilhafter Weise gegen die Kurserwartungen entwickelt (vgl. Caspers 2002, S. 270). Diese Form der Devisengeschäfte erfordern daher offene Fremdwährungsforderungen („open long position", d. h. ich „kaufe" Devisen) oder offene Fremdwährungsverbind-

lichkeiten („open short position", d.h. ich „verkaufe" Devisen), die allerdings nicht durch entsprechende Gegenpositionen kongruent abgesichert
sind. Erst bei anschließendem Kauf oder Verkauf, also dem Eingehen der
Gegenposition, werden die Kontrakte glattgestellt. Devisenspekulationen
sind grundsätzlich sowohl auf dem Termin, also auch auf dem Kassamarkt
möglich.

2.3.2   Finanzielle Instrumente

Wie in Abbildung 2.5 gezeigt haben die Spotgeschäfte und Forex-Swaps
den mit Abstand größten Anteil am Handelsvolumen. Was sich genau da-
hinter verbirgt, wird im Folgenden näher beschrieben.

Devisenkassageschäfte (Spot)

Die Devisenkassageschäfte gehören zu einer von zwei Grundformen des
Devisenhandels. Ein wesentliches Merkmal dieses Devisengeschäftes ist es,
dass zwischen dem Tag des Geschäftsabschlusses und dem Tag der Erfüllung, also der Lieferung der beiderseitigen Ansprüche, ein Zeitraum von
maximal zwei Bankarbeitstagen liegt. Der Verkäufer liefert am Tag der
Erfüllung die verkauften Devisen auf ein vereinbartes Bankkonto, während
derjenige, der die Devisen gekauft hat, den vereinbarten Gegenwert zu
leisten hat. Das Devisenkassageschäft ist somit ein reiner Währungstausch
(Shamah 2008, S. 51 ff.). Wesentliches Merkmal des Spot-Geschäftes für
den Retail-Kunden ist seine standardisierte Größe von 100.000,-EUR, wenn
das Konto beispielsweise in Euro geführt wird. Man spricht bei einer Men-
geneinheit von 1 bei dieser Größe von einem Lot.

Die Preisänderung eines Währungspaares wird an der Forex in Pip angege-
ben, was auf Englisch so viel bedeutet wie „percentage in point". Bei Währungspaaren, die nur eine Stelle vor dem Komma haben, wie beispielsweise EURUSD, entspricht dies einer Änderung des Devisenkurses um 0,0001
Mengeneinheiten. Bei einem Währungspaar wie dem Japanischen Yen und
dem US-Dollar (JPYUSD), wo die Bewertung auf drei Stellen vor dem Kom-

ma stattfindet, entspricht eine Änderung von einem Pip einer Änderung von 0,01 Mengeneinheiten. Demzufolge entspricht die Veränderung des Wechselkurses in Höhe von einem Pip im EURUSD einem Gegenwert von 10,-USD (McFarlin 2010, S. 49).

Devisentermingeschäfte (Forward)

Bei den Forwards, die auch als Sologeschäft oder Outrightgeschäft bezeichnet werden, handelt es sich um ein Devisentermingeschäft, bei dem zwischen dem Tag des Geschäftsabschlusses und dem Erfüllungstag eine Zeitspanne von mindestens 3 Arbeitstagen oder 1, 2, 3, 6, 12 oder mehr Monate liegen. Zentrales Merkmal des Forwards ist die Erfüllungspflicht, was bedeutet, dass beide Vertragsparteien die vereinbarten Bedingungen, wie beispielsweise Devisenkurs, die am Tag des Geschäftsabschlusses vereinbart wurden, unabhängig davon zu erfüllen haben, ob sich die aktuelle Kurssituation verändert. Besonders beim Hedging findet dieses Devisengeschäft Anwendung, da es zu den Kurssicherungsgeschäften gezählt werden kann (vgl. Shamah 2008, S. 59 ff.).

Devisenswapgeschäfte (Swap)

Der Devisenswap, kurz Swap, aus dem Englischen „to swap" (tauschen) abgeleitet, ist die Kombination eines Devisenkassageschäftes mit einem Devisentermingeschäft. Hierbei wird der Kassakauf mit dem Terminkauf oder umgekehrt getauscht. Am Tag des Geschäftsabschlusses werden gleichzeitig der Tausch zweier Währungen und der Rücktausch zu einem späteren Zeitpunkt vereinbart. Da auch bei diesem Devisengeschäft kein Gewinnpotenzial vorhanden ist und die Zinsdifferenz die Kosten und den Ertrag bestimmt, fällt dieses Instrument ebenfalls unter die Kategorie Kurssicherungsinstrument (vgl. Shamah 2008, S. 59 ff.).

Devisenoptionsgeschäfte (Option)

Bei der Devisenoption wird, wie der Begriff erahnen lässt, dem Optionskäufer das Recht eingeräumt, eine Währung zu einem festgelegten Kurs und zu einem festgelegten Zeitpunkt oder auch innerhalb eines gewissen

Zeitraumes zu beziehen oder zu liefern. Für diese Option, also das Recht, muss der Käufer dem Verkäufer einen Preis, die sogenannte Optionsprämie, zahlen. Derjenige, der die Option verkauft hat, verpflichtet sich, die Währung zu liefern oder entgegenzunehmen. Die Erfüllung der Option findet sehr oft beim Erreichen des festgelegten Wechselkurses statt. Der Preis für die Option hängt von den Faktoren Verfallsdatum, Volumen, Zielpreis des Wechselkurses und den entsprechenden Währungen ab.

Devisenoptionsgeschäfte werden im Gegensatz zu den Spotgeschäften oft an einer regulären Börse gehandelt. Die größte und älteste Börse für Optionen und Futures weltweit ist die in Chicago ansässige Chicago Mercantile Exchange (CME), an der sogar Wetteroptionen gehandelt werden (vgl. CME 2015).

Devisenfuturegeschäfte (Futures)
Ähnlich wie bei den Optionsgeschäften vereinbart man auch bei den Devisenfutures, eine bestimmte Währung zu einem im Voraus festgelegten Kurs zu einem bestimmten, standardisierten Fälligkeitsdatum zu liefern. Anders als bei der Option handelt es sich bei dem Future um einen verbindlichen Vertrag, der von beiden Seiten zu erfüllen ist, d. h. man muss die Devisen beziehen oder liefern, je nachdem, ob man ein Kaufs- oder Verkaufsfuture bezogen hat (vgl. Shamah 2008, S. 137 ff.). Für den Retail-Kunden bedeutet dies, dass er standardisierte (Futures)-Kontrakte basierend auf einen Preisunterschied im Verkauf bzw. Kauf an einer Börse handeln kann. Auch hier ist die CME die für diese Finanzinstrumente größte Börse weltweit. Die Kontraktgrößen und -gebühren variieren dabei je nach Volumen des Kontraktes. In 2010 waren beispielsweise folgende Kontraktgrößen an der CME auf den Euro handelbar (McFarlin 2010, S. 49):

Standard-Kontrakt:
Kontraktgröße entspricht 125.000,-EUR, eine Kursveränderung von einem Pip entspricht einer wertmäßigen Änderung von 12,50 USD. Die Gebühr beträgt pro Handel, also einem Kauf oder Verkauf 1,60 USD.

E-Mini-Kontrakt:

Kontraktgröße entspricht 62.500,-EUR, eine Kursveränderung von einem Pip entspricht einer wertmäßigen Änderung von 6,25 USD. Die Gebühr beträgt pro Handel 0,85 USD.

E-Micro-Kontrakt:

Kontraktgröße ist 12.500,-EUR, eine Kursveränderung von einem Pip entspricht einer wertmäßigen Änderung von 1,25 USD. Die Gebühr beträgt pro Handel 0,16 USD.

Allerdings gibt es heutzutage weitere, z. T. sehr komplexe Finanzinstrumente, die an den inneren Wert einer Devise gekoppelt sind. Zu erwähnen wären hier die ETFs (Exchange-traded funds) oder die innerhalb der vergangenen 5 Jahre sehr populär gewordenen CFDs (Contract For Difference), wobei letztere eine Form des Total Return Swaps sind. Diese Form an Finanzinstrumenten werden auch als Differenzkontrakte bezeichnet, wobei ein ganz wesentliches Merkmal dieses Instruments die Reflektion der Kursentwicklung des zu Grunde liegenden Basiswertes (Devise) durch einen sogenannten Hebel ist.

2.4   Kursbildung

Wie in Kapitel 2.1 dieser Arbeit beschrieben, sind ein wesentliches Charakteristikum des Forex-Marktes die flexiblen Wechselkurse, die sich rein marktmäßig durch Devisenangebot und Devisennachfrage entwickeln. Die Nachfrage und das Angebot von Devisen ist von den Warenimporten, Warenexporten, grenzüberschreitenden Dienstleistungen, Übertragungen, aber auch von reinen Kapitalströmen abhängig (vgl. Häberle 2002, S. 833). Mit diesen Faktoren beschäftigen sich ganze Themengebiete der Makro-, aber auch Mikroökonomie. Zu erwähnen wäre hier beispielsweise die sogenannte Kaufkraftparitätentheorie, die davon ausgeht, dass die Wechselkursbildung an den Devisenmärkten maßgeblich von der realen Kaufkraft beeinflusst wird (vgl. Borchert 2001, S. 203). Ein wesentliches Element dieser Theorie ist die Behauptung, dass Wechselkursveränderungen von der Veränderung des relativen Preisniveaus und somit den Inflationsraten der Länder abhängen.

Eine ausführliche Betrachtung der makroökonomischen Implikationen und Theorien ist im Rahmen und Umfang dieser Untersuchung nicht möglich. Es sei an dieser Stelle auf weiterführende Literatur verwiesen: Axel Sell (2003): Einführung in die internationalen Wirtschaftsbeziehungen, 2. Auflage, erschienen im Oldenbourg Wissenschaftsverlag, sowie Siegfried G. Häberle (2002): Handbuch der Außenhandelsfinanzierung: Das große Buch der internationalen Zahlungs-, Sicherungs- und Finanzierungsinstrumente, 3. Auflage, ebenfalls erschienen im Oldenbourg Wissenschaftsverlag.

Im Kontext dieser Arbeit bleibt aber festzuhalten, dass die Wirtschaftsleistung eines Landes maßgeblichen Einfluss auf die Wechselkursentwicklung seiner Währung hat.

Im Folgenden wird auf die technischen Parameter von Kursbildung, -feststellung und Handel eingegangen. Wenn man sich die Bezeichnungen der Währungspaare anschaut, sind folgende Notationen am Beispiel des Euro und US-Dollar möglich:

- **EURUSD**
- **EUR/USD**
- **Euro/US-Dollar**

Die Währung, die als erstes genannt wird, ist die sogenannte Basiswährung, die zweitplatzierte die Bezugswährung. Diese Form der Aufteilung gibt an, welcher Betrag der zweiten Währung aufgewendet werden muss, damit man einen Teil der erstgenannten erwerben kann (vgl. Düvel 2009, S. 20 ff.). Eine Quotierung von 1,10000 im EURUSD würde also bedeuten, dass 1,10000 USD bezahlt werden müssen, damit man einen Euro „kaufen" kann. Wichtig ist nun für den Investor, dass er bei einem prognostizierten

Wertzuwachs der Bezugswährung das Währungspaar verkauft ("short" geht) und bei einem erwarteten Kursverlust der Bezugswährung das Währungspaar kauft ("long" geht). D. h. wenn man der Meinung ist, dass der Euro gegenüber dem US-Dollar an Wert gewinnt, kauft man das Währungspaar und ist im Fachjargon long.

Man hat also auf dem Forex-Markt die Möglichkeit, von steigenden, sowie fallenden Kursen zu profitieren. Für die Bank oder den Broker, der dem Kunden beim Bezug oder Verkauf der Devisen eine Plattform bietet, bedeutet dies, dass er unterschiedliche Kurse anbieten muss, damit er nicht Gefahr läuft, durch ein Arbitragegeschäft Verlust zu erleiden. Das heißt, dass der sogenannte Echtzeitkurs (Realtime) sich im An- und Verkaufspreis unterscheidet.

Der Kurs, zu welchem man eine Devise kaufen möchte, wird auch Briefkurs oder kurz Ask genannt. Der Kurs, zu welchem derselbe Marktteilnehmer eine Devise verkaufen kann, wird Geldkurs oder kurz Bid genannt. Die Differenz beider Kurse bezeichnet man als Spread (vgl. Klatt 2014, S. 24).

Wichtig für den Investor ist die Tatsache, dass er an der Höhe dieser Kursdifferenz, also dem Spread, erkennen kann, wie liquide die momentane Marktsituation ist. Das heißt, gibt es gerade viele oder eher weniger Devisenanbieter bzw. Devisennachfrager auf dem Markt? Eine typische Notation für den Kurs, inkl. Spread (Weiß auf Schwarz) ist der folgenden Darstellung zu entnehmen.

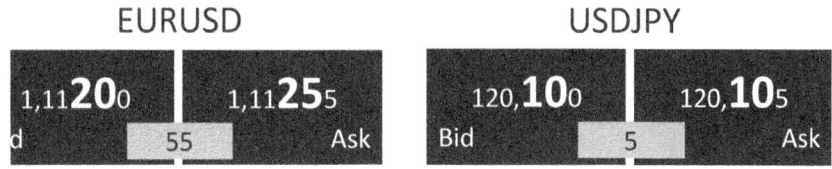

Abbildung 2.9: Beispiel für die Kursnotation der Währungspaare EURUSD und USDJPY, Notation nach Klatt 2014

Die Ausführung des Kauf- bzw. Verkaufsauftrages erfolgt heutzutage bei den meisten angebotenen Konten und Plattformen instantan. Sobald also ein Investor oder Händler in seiner Eingabemaske das Ausführungssymbol ausgewählt hat, wird innerhalb kurzer Zeit bereits die Ausführung bestätigt. Von besonderer Bedeutung ist die Ausführungsgeschwindigkeit beim sogenannten Hochfrequenzhandel (high frequency trading). Hier werden die Kauf- oder Verkaufsaufträge nicht mehr manuell eingegeben, sondern durch vorher programmierte Algorithmen am Computer. Die durchschnittliche Latenz, also die Zeitspanne zwischen Auftragserteilung und Auftragsausführung liegt bei den meisten Handelsnetzwerken heutzutage bei etwa 150 Millisekunden (vgl. Granger und Delaporte, 2011).

2.5   Akteure

Durch das Fehlen eines physischen Marktplatzes, also einer zentralen Börse, wie beispielsweise die Parkettbörse für Aktien in Frankfurt am Main, wird der größte Teil des Handels im Interbankenhandel durchgeführt. Hierbei handelt es sich um einen netzwerkartigen Verbund von nationalen und internationalen Banken. Ein Investor oder Retail-Kunde platziert in der Regel seinen Auftrag bei seiner Bank, der dort an die jeweiligen bankeigenen Devisenhändler, beispielsweise im Tradingfloor weitergeleitet wird, um von dort aus schließlich im Interbankenhandel unter den Banken weitergehandelt werden zu können (vgl. Rübel 2005, S. 118). Somit stellen die Geschäftsbanken einen Marktteilnehmer dar, der auch vom Volumen her der größte ist. Zu den Kunden der Geschäftsbanken zählen ihre Kunden, zu denen neben Privatleuten und Unternehmen auch andere Finanzinstitute, wie Versicherungen und Fondgesellschaften gehören. Allerdings handeln auch die Banken untereinander um den sogenannten Eigenhandel, der etwa 90% des Marktes ausmacht (vgl. Caspers 2002, S. 46).

Einige größere Banken, die sich von den etwa 3.000 Banken am Devisenmarkt engagieren, gehören zu den sogenannten Market-Makern. Diese Teilnehmer haben sich verpflichtet, auf Anfrage jederzeit verbindlich Bid-

und Ask-Kurse für gewisse Mindestbeiträge zu nennen. Sie führen diese Geschäfte auf Wunsch der Anfrager aus (vgl. Caspers 2002, S. 46).

Abbildung 2.10: Trading Floor der Deutschen Bank in Frankfurt am Main
(Quelle: Deutsche Bank AG 2015)

Seit einigen Jahren gibt es auch spezialisierte Devisen-Handelsunternehmen, die von Banken oder anderen Devisen-Handelsunternehmen Devisen ankaufen, um sie an Banken oder andere Marktteilnehmer weiterzuverkaufen. Diese sogenannten Makler sind heutzutage ebenfalls untereinander elektronisch vernetzt.

Die dritte Teilnehmergruppe bilden die Zentralbanken. Auch die Zentralbanken betreiben kommerzielle Geschäfte, indem sie beispielsweise Zinserträge auf der Anlage von Währungsreserven in heimische Währung tauschen oder im Auftrag der Regierungen Geldtransfers in das Ausland vornehmen (vgl. Caspers 2002, S. 47). Die jedoch am Devisenmarkt kurzfristig sehr einflussreichen Devisenmarkt-Interventionen der Zentralbanken werden ausschließlich aus währungspolitischen Gründen durchgeführt. Sei es um eine Währung durch Ankäufe oder Verkäufe von Devisen künstlich zu schwächen oder zu stabilisieren. Über kurz oder lang kann sich auch eine Zentralbank mit seinen Währungsreservebeständen nicht gegen die geballte Marktmacht aller Devisenmarktakteure durchsetzen (vgl. Caspers 2002, S. 46). Das jüngste Beispiel in der Geschichte massiver Devisenmarktinterventionen und das schlussendliche Scheitern bzw. Aufgeben der beabsichtigten währungspolitischen Ausrichtung aufgrund der nicht beherrschbaren Marktdynamik ist die Schweizerische Nationalbank, die durch Devisenmarkt-Interventionen versucht hatte, einen Mindestumtauschkurs zwischen Euro und Schweizer Franken aufrechtzuerhalten (siehe Abbildung 3, S. 5).

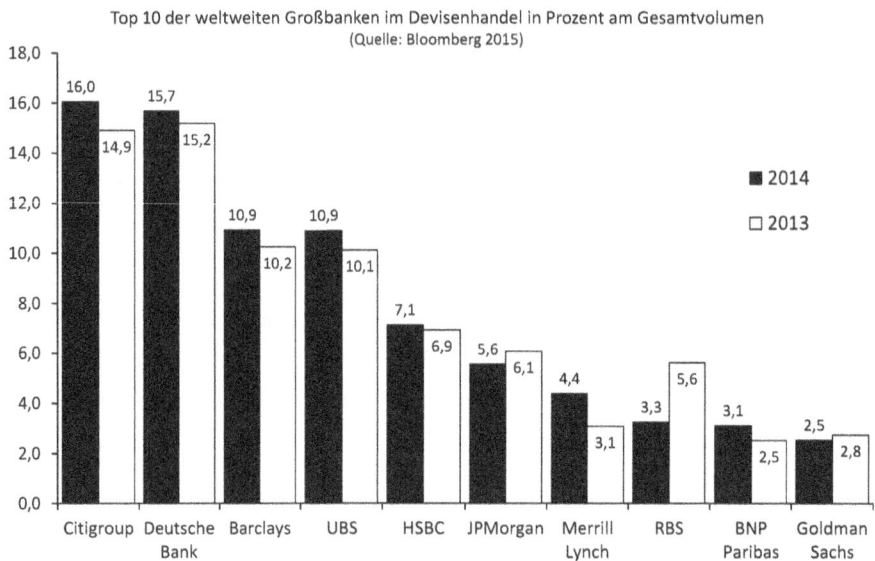

Abbildung 2.11: Vergleich des Marktanteils der größten Geschäftsbanken an der Forex

2.6   Kontenmodelle

Ein zentrales Element dieser Untersuchung ist neben der Analyse der Auswirkungen wichtiger makroökonomischer Veröffentlichungen auf den
Devisenmarkt die zunehmende Relevanz der Devisen als Anlageklasse für
Kleinanleger, den Retail-Kunden. Eine kurze Darstellung der Zugangsmög-
lichkeiten von Retail-Kunden zum globalen Devisenmarkt verdeutlicht
darüber hinaus die Volumenzusammensetzung des täglichen Umsatzes an
Devisen weltweit.

Die einfachste Variante, sich einen direkten Zugang zum globalen Devisenmarkt zu verschaffen, ist ein gewöhnliches Konto bei einer Bank. In der
Regel werden die meisten Konten in Deutschland in Euro geführt. Ein Anla-
gekonto bei der Bank kann aber ebenfalls in anderen Währungen geführt
werden, einem sogenannten Fremdwährungskonto, z. B. in US-Dollar oder
Schweizer Franken (vgl. Aarlandt 2014). Die Forderung des Kontoinhabers
gegen seine kontoführende Bank lautet dann in der jeweiligen Fremdwäh-
rung. Ein wesentliches Merkmal dieser Methode ist die nominale Wertstel-
lung des Kontos in Form des sich auf diesem befindlichen Geldbetrages.

Seit einigen Jahren gibt es aber auch für Kleinanleger die Möglichkeit, mit
Hilfe eines kurzfristigen Kredites durch eine Bank, also Fremdkapital, Investitionen auf den globalen Finanzmärkten durchzuführen. Im mikroökono-
mischen Kontext ist diese Form der Investition oder Finanzierung unter
dem Leverage-Effekt bekannt. Dieser Effekt beschreibt eine Hebelwirkung,
die mit Hilfe des Fremdkapitals auf die Eigenkapitalrentabilität ausgeübt
werden kann. Das Ziel ist es hier, mit höheren Investitionen auch demzufolge höhere Gewinne zu erwirtschaften (vgl. Hirth 2008, S. 180). Dieses
Ziel ist dann erfüllt, wenn die Rendite des gesamten eingesetzten Kapitals
abzüglich der Zinsen, die auf das Fremdkapital zu zahlen sind, positiv ist.
Finanzwirtschaftlich wird der Leverage-Effekt wie folgt dargestellt (Kaya
2007, S. 74):

$$R_{EK} = R_{GK} + \frac{FK}{EK} \cdot (R_{GK} - FKZ)$$

R_{EK} = Eigenkapitalrendite

R_{GK} = Gesamtkapitalrendite

FKZ = Fremdkapitalzins

FK = Fremdkapital

EK = Eigenkapital

Abbildung 2.12: Darstellung des Leverage-Effektes

Die Hebelwirkung des Leverage-Effektes macht man sich ebenfalls im Devi-senhandel zunutze. Ein Retail-Kunde muss daher nicht über ein Vermögen von 100.000,-EUR verfügen, wenn er auf dem Spotmarkt ein Lot handeln möchte. Die kontoführende Bank bzw. der Broker verlangt beim Handel eines Lots vom Kunden die Hinterlegung einer marginalen Sicherheitsleis-tung, auch Margin genannt. Dieser Betrag ist in der Regel um den Faktor 100 kleiner als die Summe des Lots. In diesem konkreten Fall muss der Kunde also eine Sicherheitsleistung, die Margin, in Höhe von 1.000,- auf dem Konto hinterlegen. Dieser Betrag dient der Bank als eine Art Kaution, von der sie sich bedient, sobald sich der Markt bzw. Kurs des gehandelten Devisenpaares nicht in die erhoffte Richtung bewegt und somit ein Verlust für den Kunden entsteht (vgl. Aarlandt 2014). Bei dem voran genannten Beispiel wird das vom Kunden notwendige und eingesetzte Kapital um den Faktor 100 vom tatsächlich gehandelten Betrag reduziert, was zudem der Hebelgröße entspricht: 1:100. Bei einem Lot macht somit eine Verände-rung von einem Pip im Währungspaar eine wertmäßige Veränderung von 10 USD aus, wenn man beispielsweise ein Lot im EURUSD handelt.

Viele Broker und Banken bieten seit geraumer Zeit auch größere Hebel mit bis zu 1:400 an (vgl. McMahon 2007, S. 60). Somit ist heutzutage eine Kon-toeröffnung für den Devisenhandel bereits ab wenigen hundert Euro mög-lich. Retail-Kunden müssen auch keine Kreditwürdigkeitsprüfung über sich ergehen lassen und keine Sicherheiten, bis auf die Margin, bereithalten (vgl. Aarlandt 2014). Die geforderte Einlage (Margin) beim Forex-Handel ist im Vergleich zu anderen „gehebelten" Finanzinstrumenten, wie Aktienindex-Futures oder Optionen, um ein vielfaches geringer. Darüber hinaus besteht durch die heute frei handelbaren Devisenkurse ein theoretisch unbegrenztes und realistisch sehr hohes Gewinnpotenzial. Der Verlust der Einlage bleibt auf die Höhe der Margin beschränkt, denn falls der sich aufbauende Verlust bei einer Fehlspekulation droht, die Margin zu übersteigen, schließt die Bank oder der Broker sogleich den Handel. Der umsatzmäßige Anteil der Retail-Kunden am gesamten Devisenmarkt ist demzufolge ebenfalls „gehebelt", was bedeutet, dass der Leverage-Effekt einen wesentlichen Aspekt an der Größenordnung des Devisenmarktes darstellt.

Die Einführung von sogenannten Micro-Lots (10.000,-EUR statt 100.000,-EUR Lotgröße) hat innerhalb der vergangenen Jahre darüber hinaus weitere Interessenten und Kunden ansprechen können (vgl. McFarlin 2010, S. 49).

Literaturverzeichnis

Aarlandt, Alexander (2014): *Forex 1x1: Devisenhandel für Anfänger*, neo-books Self-Publishing – Verlag.

BIZ (2013): *Triennial Central Bank Survey, Foreign exchange turnover in April 2013: preliminary global results*, Monetary and Economic Department, Bank for International Settlements, September 2013, http://www.bis.org/, aufgerufen am 20.02.2015.

Borchert, Manfred (2001): *Außenwirtschaftslehre*, 7. Auflage, Wiesbaden: Betriebswirtschaftlicher Verlag Dr. Th. Gabler GmbH.

Borchert, Manfred (1977): *Außenwirtschaftslehre – Theorie und Politik*, erste Auflage, Opladen: Westdeutscher Verlag.

Caspers, Rolf (2002): *Zahlungsbilanz und Wechselkurse*, erste Auflage, München: Oldenbourg Wissenschaftsverlag GmbH.

CME (2015): *CME Group All Products – Codes and Slate*; Chicago Mercantile Exchange, http://www.cmegroup.com/, aufgerufen am 16.03.2015.

Deutsche Bundesbank (2015): *Glossar: Internationales Währungssystem*, https://www.bundesbank.de, aufgerufen am 16.03.2015.

Deutsche Bundesbank (2005): *Monatsbericht Juli 2005, Wechselkurs und Zinsdifferenz: jüngere Entwicklungen seit Einführung des Euro*; http://www.bundesbank.de/, aufgerufen am 16.03.2015.

Düvel, Carl-Wilhelm (2009): *Forex-Trading in der Praxis: Simple Strategien für Investoren*, 2. überarbeitete Auflage, München: FinanzBuch Verlag.

Goodhart, Charles Albert Eric (1995): *The Central Bank and the Financial System*, 1st edn., London: First MIT Press.

Granger, Amelia; Delaporte, Lee (2011): *Equity HFTS Eye FOREX (cover story)*, Wall Street Letter 1/31/2011, Vol. 43, Issue 4, pp. 1-11.

Häberle, Siegfried G. (2002): *Handbuch der Außenhandelsfinanzierung: Das große Buch der internationalen Zahlungs-, Sicherungs- und Finanzierungs- instrumente,* 3. Auflage, München: Oldenbourg Wissenschaftsverlag.

Hirth, Hans (2008): *Grundzüge der Finanzierung und Investition*, 2. Auflage, München: Oldenbourg Wissenschaftsverlag GmbH.

Investor-Verlag (2014): *Aktienmuffel Ja oder Nein? – Deutschland im Ver- gleich zum Rest der Welt*; Wissensartikel, http://www.investor-verlag.de/, aufgerufen am 16.03.2015.

Kaya, Michael (2007): *Eine Analyse der Strategieindizes der Deutschen Börse AG: Motivation, Konstruktion und Bewertung von DivDAX, LevDAX & Co*, 1. Auflage, Paderborn: Salzwasser-Verlag GmbH & Co. KG.

Klatt, Jens (2014): *Forex-Trading: Grundlagen, Strategien und Methoden für den erfolgreichen Devisen-Trader*, München: FinanzBuch Verlag.

McMahon, C. (2007): *Forex, trade and politics*, Futures: News, Analysis & Strategies for Futures, Options & Derivatives Traders, Vol. 36, Issue 11, pp. 58-61.

McFarlin, M. (2010): *How do I trade forex, let me count the ways*; Futures: News, Analysis & Strategies for Futures, Options & Derivatives Traders, Vol. 39, Issue 9, pp. 48-50.

Rajan, S. Irudaya (2012): *India Migration Report 2012: Global Financial Crisis, Migration and Remittances*, 1st edn., New Delhi, India: Routledge.

Rübel, Gerhard (2005): *Grundlagen der Monetären Außenwirtschaft*, 2. Auflage, München: Oldenbourg Wissenschaftsverlag GmbH.

Sell, Axel (2003): *Einführung in die internationalen Wirtschaftsbeziehungen*, zweite Auflage, München: Oldenbourg Wissenschaftsverlag GmbH.

Shamah, Shani (2008): *A Foreign Exchange Primer*, 2nd edn., Chichester, West Sussex (England): John Wiley & Sons Ltd.

Siebert, Horst und Lorz, Oliver (2007): *Einführung in die Volkswirtschaftslehre, Teil 2*, 15. überarbeitete Auflage, Stuttgart: Verlag W. Kohlhammer.

Stocker, Klaus (2006): *Management internationaler Finanz- und Währungsrisiken*, zweite überarbeitete Auflage., Wiesbaden: GMV Fachverlage GmbH.

Van Harssel, Jan and Jackson, Richard; Hudman, Lloyd (2014): *National Geographic Learning's Visual Geography of Travel and Tourism*, 5th edn., Bosten, MA: Cengage Learning.

3   Die monetäre Theorie

Um von der Kursentwicklung eines Devisenpaares profitieren zu können, ist es notwendig, die Wertentwicklung des Finanzinstruments richtig prognostizieren zu können. Im Bereich der Wechselkurse beschäftigt sich die monetäre Theorie mit den ökonomischen Implikationen. Ihr wirtschaftstheoretischer Gegenpart ist im Rahmen der Außenwirtschaftslehre die real- oder güterwirtschaftliche Betrachtungsweise innerhalb der Theorie des internationalen Handels (vgl. Engelkamp und Sell 2013, S. 340). Die geldwirtschaftliche orientierte Betrachtung beschäftigt sich demzufolge mit den wertmäßigen, also in Geld- bzw. Währungseinheiten ausgedrückten Beziehungen zwischen einzelnen Ländern. Dabei werden die wertmäßigen Güter- und Kapitalströme innerhalb der Zahlungsbilanz erfasst und ihre Wirkung auf die binnenländischen Volkseinkommen und Preisniveaus untersucht (vgl. Borchert 1977, S. 101). Die Analyse der Problematik ist makroökonomisch geprägt. Die vier wesentlichen Aspekte des Wirtschaftslebens betreffen in diesem Kontext laut Krugman und Obstfeld (2009) die Arbeitslosigkeit, das Sparen, die Handelsbilanzgleichgewichte, sowie das Geld und Preisniveau (Krugman und Obstfeld, 2009, S. 391). Diese laut Flassbeck (1985) aggregierten makroökonomischen Größen versuchen den in der realen Theorie beschriebenen Handel gesamtwirtschaftlich zu erklären, wobei ebenso Anpassungsprozesse und Veränderungen der Größen wie ihre Auswirkungen analysiert werden (vgl. Flassbeck 1985, S. 30 ff.). Diese makroökonomischen Aspekte beeinflussen entsprechend der Theorie durch einen geldwirtschaftlichen Zusammenhang die Wechselkurs- und Währungssysteme.

3.1   Konjunkturelle Implikationen im Kontext der Untersuchung

Neben dem Bruttosozialprodukt stellt das Beschäftigungsniveau eine zentrale Größe innerhalb der Makroökonomie dar. Nicht zuletzt trivialerweise deswegen, weil mehr Beschäftigte auch gleichzeitig mehr potenzielle Käufer darstellen. Wie in Kapitel 2.3 dieser Arbeit gezeigt wird, spielt der US-Dollar nicht nur durch seinen größten Anteil am Gesamtvolumen der an der Forex umgesetzten Devisen, sondern auch durch seine realwirtschaftlichen Aspekte, wie beispielsweise der Dollarbindung wichtiger Rohstoffe, eine herausragende Rolle im internationalen Währungssystem. Die Analyse einschlägiger wissenschaftlicher Literatur impliziert darüber hinaus, dass gerade makroökonomische Größen aus den USA in diesem Zusammenhang von besonders großem Interesse sind. Einmal pro Monat veröffentlicht das United States Department of Labor einen Bericht, den Nonfarm Payroll Employment Report über die Nonfarm Payrolls, kurz NFP. Dabei handelt es sich um statistische Angaben zu der nichtlandwirtschaftlichen Lohnbeschäftigung. Nicht enthalten sind Landarbeiter, Privathaushalte oder Mitarbeiter gemeinnütziger Organisationen (vgl. Bureau of Labor Statistics 2015). Typischerweise wird dabei besondere Beachtung auf die zahlenmäßige Angabe der Veränderung +/- der nicht-landwirtschaftlichen Gehälter (Gehaltsabrechnungen) gegenüber dem Vormonat, sowie der aktuellen Arbeitslosenquote gelegt. Im Jahr 2004 stellte T. Clifton Green im Rahmen einer wissenschaftlichen Untersuchung bereits fest, dass die Nonfarm payrolls (NFP) neben anderen makroökonomischen Veröffentlichungen, wie dem BIP oder anderen diversen makroökonomischen Wirtschaftsindikatoren den größten eventbezogenen Einfluss auf die Preise US-amerikanischer verzinslicher Wertpapiere (Bonds) haben:

„The price impact varies considerably across announcements with nonfarm payrolls having the largest effect on prices" (Green 2004, S. 1215).

Eine ähnliche Untersuchung aus dem Jahr 2007 von Alain P. Chabound, Sergey V. Chernenko und Jonathan H. Wright stützt dabei die Vermutung, dass die NFP ebenfalls einen großen Einfluss auf den Forex-Markt haben, im Speziellen an alle US-Dollar gekoppelten Währungspaare. In Ihrer Untersuchung beschäftigten sich Chabound, Chernenko und Wright mit der Auswirkung der Veröffentlichung ausgewählter makroökonomischer Parameter auf das Volumen des Devisenmarktes. Sie analysierten das Volumen der elektronischen Handelsplattform EBS (Electronic Broking Services), die im Rahmen des Market-Makings großer Banken eingesetzt wird. Die Plattform wurde ursprünglich als eine Partnerschaft von einigen der größten Banken der Welt gegründet und ist heute Teil der ICAP, einem weltweit tätigen Finanzunternehmen aus Großbritannien. In ihrer Analyse fanden die drei Autoren heraus, dass das Handelsvolumen im EURUSD am Tag und zur Uhrzeit der Veröffentlichung der NFP annähernd sechsmal so hoch ist wie an Tagen ohne Veröffentlichung:

„[...] *monthly nonfarm payrolls releases are associated with especially large peaks in volume. Euro-dollar trading volume just after 8:30am is about six times higher on the days of either of these releases than on non-announcement days*" (Chaboud et al. 2008, S. 12).

Die jüngste Untersuchung zu dieser Problematik stammt von dem Wirtschaftswissenschaftler Carlo Rosa aus dem Jahr 2013, der im Namen und Auftrag der Zentralbank von New York ebenfalls statistische Untersuchungen anstellte. Unter anderem untersuchte er die Volatilität als ein Maß der Wechselkursschwankungen des EURUSD zum Zeitpunkt der Veröffentlichung unterschiedlicher makroökonomischer Parameter über den Zeitraum von Januar 2008 bis März 2011. Auch er konnte feststellen, dass zum Zeitpunkt der Veröffentlichung der NFP enorme Ausschläge im Wechselkurs des EURUSD zu verzeichnen sind:

„*The results show that the release significantly affects both the volatility of U.S. asset prices and their trading volume*" (Rosa 2013, S. 79).

Im Rahmen dieser Untersuchung werden daher die Nonfarm Payrolls neben einem weiteren makroökonomischen Ereignis den zentralen Untersuchungsgegenstand darstellen. Die Methodik und Herangehensweise der Untersuchung wird im Kapitel 5.2.1 detailliert dargestellt, gefolgt von der eigentlichen Untersuchung mit ihren Ergebnissen. Auf eine detaillierte Darstellung der wirtschaftswissenschaftlichen Implikation der Arbeitslosigkeit im Rahmen der monetären Theorie muss durch den begrenzten Um-

fang dieser Arbeit verzichtet werden. Allerdings sei hier auf weiterführende Literatur verwiesen: Paul R. Krugman und Maurice Obstfeld beschäftigen sich in ihrem Buch über Internationale Wirtschaft: Theorie und Politik
der Außenwirtschaft, aus dem Jahr 2009 ausführlich in den Kapiteln 12 bis
18 mit den Wechselkursen und der Makroökonomie offener Volkswirtschaften.

Dennoch bleibt festzuhalten, dass die Arbeitslosigkeit einen ganz zentralen
realwirtschaftlichen und makroökonomischen Aspekt abbildet, der im
Rahmen theoretischer Auseinandersetzungen Wechselkurse massiv beeinflusst.

3.2   Geldpolitische Implikationen im Kontext der
Untersuchung

Wie in der Einführung des Kapitel 3 dargestellt, sind das Geld und das
Preisniveau weitere wichtige Bestandteile der monetären Theorie. Dass die
Nachfrage nach Geld und somit die Geldmenge explizit Auswirkungen auf
das Preisniveau und somit die Zinssätze hat, ist allgemeiner Konsens wissenschaftlicher Literatur (vgl. Krugman und Obstfeld, 2009, Kapitel 15; vgl.
Flic 1981, Kapitel C; vgl. Borchert 1977, Kapitel 4.2.1). Borchert (1977)
stellte bereits fest:

*„Ist der inländische Zinssatz höher als der im Ausland, strömt ausländisches
Kapital ins Inland"* (Borchert 1977, S. 190)

Dies ist an eine veränderte Nachfrage nach Devisen gekoppelt. Neben
konjunkturellen makroökonomischen Parametern wie der Arbeitslosigkeit
ist daher eine Veränderung des geldpolitischen Kurses einer Zentralbank
ebenfalls von großem Interesse im Kontext der Wechselkurs- und Währungssysteme. Auch hier spielen der US-Dollar und die US-amerikanische
Geldpolitik eine ganz entscheidende Rolle. Das wichtigste Gremium in
diesen Zusammenhang ist der Offenmarktausschuss (Federal Open Market

Committee, FOMC) der Zentralbank der USA (Federal Reserve, Fed). Dieses wirtschaftspolitisch wichtigste Gremium der Fed entscheidet unter anderem über die Durchführung von Offenmarktgeschäften, Eingriffe in den Devisenmarkt, und das wichtigste geldpolitische Mittel, den US-Leitzins (vgl. Taylor 2009, S. 77 ff.).

Das FOMC besteht aus zwölf Mitgliedern: dem Präsidenten der Federal Reserve Bank of New York, den sieben Mitgliedern des Board of Governors und vier Mitgliedern, die im jährlichen Wechsel aus den zwölf Vorsitzenden der regionalen Federal Reserve Banks ausgewählt werden. Das FOMC hält acht reguläre ordentliche Sitzungen im Jahr ab. Andere, zusätzliche Treffen werden je nach Anlass spontan einberufen. Die Protokolle der ordentlichen Sitzungen werden drei Wochen nach dem Tag der politischen Entscheidung veröffentlicht (Board of Governors of the Federal Reserve System, 2015). Somit gibt es zwei zentrale Termine, die mit Ihren Entscheidungen und Veröffentlichungen von großem Interesse für den Devisenmarkt sind: die FOMC Statements und die FOMC Minutes. Eine Reihe von wissenschaftlichen Untersuchungen stützt die Ansicht, dass die Veröffentlichungen der Ergebnisse und Beschlüsse der Offenmarktausschlüsse einen hohen Impact auf die weltweiten Finanzmärkte haben, was allerdings keine große Überraschung darstellt. Ein Arbeitspapier der Schweizerischen Nationalbank aus dem Jahre 2008 zeigt, dass an den zwei Tagen nach Zusammenkunft des Offenmarktausschusses der Fed, der weltweite Devisenumsatz signifikant zunimmt:

„We find that there is a significant increase in global turnover two (full) days following a scheduled FOMC meeting" (Fischer und Ranaldo, 2011, 4. Conslusion).

Eine weitere Untersuchung von Mira Farka und Adrian R. Fleissig aus dem Jahr 2010 zeigt auch, dass die Veröffentlichungen ebenfalls einen starken Einfluss auf die Preisbildung an Aktienmärkten haben:

„Specifically, we find that the response of stock returns, intermediate and long-term yields is stronger with respect to FOMC statements than to 'surprise' changes in the federal funds rate" (Farka und Fleissig, 2012, S. 408).

Zusätzlich zu den FOMC Statements und den FOMC Minutes gibt es seit dem Jahr 2011 ein weiteres Unterscheidungsmerkmal, das in der wissenschaftlichen Literatur bisher keine Aufmerksamkeit gefunden hat, wohl aber unter Händlern und einschlägigen Forex-Fachleuten bereits seit einigen Jahren bekannt ist. Im Jahr 2011 sah sich der damalige Präsident der Fed, Ben Bernanke, gezwungen, aufgrund massiver Reaktionen der Finanzmärkte und steigender Kritik an der Transparenz der Veröffentlichungen im Anschluss an ausgewählte Sitzungen eine Pressekonferenz einzuberufen, um über die Beschlüsse und deren Hintergrunde ausführlicher zu berichten (Board of Governors of the Federal Reserve System 2011). Daraus lässt sich schlussfolgern, dass an Sitzungstagen mit einer anschließenden Pressekonferenz der Informationsgehalt deutlich höher sein wird als an Sitzungstagen ohne Pressekonferenz. Von großem Interesse ist es daher, ob an diesen Tagen eine intensivere Reaktion des Forex-Marktes zu verzeichnen ist.

Im Rahmen dieser Untersuchung werden aus diesem Grund neben den Nonfarm Payrolls die Offenmarktsitzungsbeschlüsse an Tagen mit und an Tagen ohne Pressekonferenz die zentralen Untersuchungsgegenstände darstellen.

Literaturverzeichnis

Board of Governors of the Federal Reserve System (2015): *Federal Open Market Committee*, http://www.federalreserve.gov/, aufgerufen am 01.04.2014.

Board of Governors of the Federal Reserve System (2011): *Press Release*, http://www.federalreserve.gov/, aufgerufen am 01.04.2014.

Board of Governors of the Federal Reserve System (2014): *Press Release, October 29, 2014*, http://www.federalreserve.gov/, aufgerufen am 01.04.2014.

Borchert, Manfred (2001): *Außenwirtschaftslehre*, 7. Auflage, Wiesbaden: Betriebswirtschaftlicher Verlag Dr. Th. Gabler GmbH.

Borchert, Manfred (1977): *Außenwirtschaftslehre – Theorie und Politik*, erste Auflage, Opladen: Westdeutscher Verlag.

Bureau of Labor Statistics (2015): *Economic Release: Producer Price Index, April 14, 2015*, http://www.bls.gov/, aufgerufen am 01.05.2015.

Bureau of Labor Statistics (2015): *Economic News Release, Employment Situation*, http://www.bls.gov/, aufgerufen am 01.04.2015.

Chaboud, Alain P.; Chernenko, Sergey V.; Wright, Jonathan H. (2008): *Trading Activity and Macroeconomic Announcements in High-Frequency Exchange Rate Data*, Journal of the European Economic Association, Vol. 6, Issue 2/3, pp. 589-596.

Engelkamp, Paul und Sell, Friedrich L. (2013): *Einführung in die Volkswirtschaftslehre*, 6. Auflage, Heidelberg: Springer-Verlag.

Farka, M. and Fleissig, Adrian R. (2012): *The effect of FOMC statements on asset prices*, International Review of Applied Economics, Vol. 26, Issue 3, pp. 387-416.

Fischer, Andreas M.; Ranaldo, Angelo (2011): *Does FOMC news increase global FX trading?*, Journal of Banking & Finance, Elsevier, Vol. 35, pp. 2965 - 2973.

Flassbeck, Heiner (1985): *Freihandel, GATT und das internationale Währungssystem*, Tübingen: J.C.B. Mohr (Paul Siebeck).

Filc, Wolfgang (1981): *Devisenmarkt und Geldpolitik*, erste Auflage, Berlin: Duncker & Humboldt.

Green, T. Clifton (2004): *Economic News and the Impact of Trading on Bond Prices*, Journal of Finance, Vol. 59, Issue 3, pp. 1201-1233.

Krugman, Paul R. und Obstfeld, Maurice (2009): *Internationale Wirtschaft: Theorie und Politik der Außenwirtschaft*, 8. aktualisierte Auflage, München: Pearson Education Deutschland GmbH.

Rosa, Carlo (2013): *The Financial Market Effect of FOMC Minutes*, Economic Policy Review (19320426), Vol. 19, Issue 2, pp. 67-81.

Taylor, Francesca (2009): *Market Know How: Finance and Markets*, first edn., Harlow (England): Pearson Education Limited.

4   Forex Big Data Analytics

Das moderne World Wide Web, wie man es heute kennt, ist gerade einmal zwanzig Jahre alt. Innerhalb dieser zwanzig Jahre sind die Anzahl an Internetseiten und der damit verbundene Datenaustausch exponentiell gewachsen. Aber nicht nur im Internet hat die Menge der verfügbaren und zur Verarbeitung nutzbaren Datenmengen zugenommen. Auch lokale und stationäre Informationstechnik bearbeitet heute innerhalb kürzester Zeit enorme Mengen an Daten. Big Data bezeichnet in diesem Kontext Datenmengen, die zu groß bzw. komplex sind und sich zu schnell ändern, um mit herkömmlichen, manuellen und klassischen (händischen) Methoden der Datenverarbeitung ausgewertet werden zu können (vgl. O'Reilly Media 2012, S. 3).

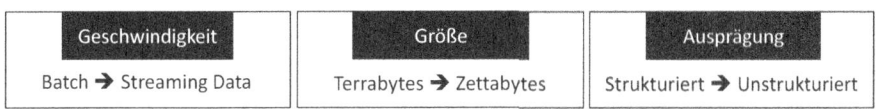

Abbildung 4.1: Charakterisierung von Big Data nach Zikopoulos und Eaton 2012, S. 5

Das Beratungsunternehmen McKinsey fokussiert sich bei der Klassifizierung von Big Data auf die Größe und die Möglichkeit der Auswertung. Laut McKinsey bezieht sich Big Data auf Datenbestände, deren Größe die Fähigkeiten typischer Datenbank-Software-Tools Daten zu erfassen, zu verwalten und zu analysieren übersteigt und die in der Größenordnung zwischen Terabytes und Petabytes anzusiedeln sind (Minelli et al. 2013, S. 5). Allerdings stellt auch das Beratungsunternehmen fest, dass durch die Art und das Format der Daten die Größe erheblich zwischen den Industrien und Dienstleistungssektoren variiert. Im Rahmen dieser Untersuchung wird abhängig von der Auswertung und der beabsichtigten Aussage auf unterschiedliche Datenquellen zurückgegriffen. Neben klassischen statistischen Auswertungen mit Hilfe von Programmen wie Microsoft Excel wurde ein großer Teil der Daten durch die frei verfügbare Handelssoftware Metatrader erfasst und analysiert, die seit 2009 von Metaquotes Software Corp.

entwickelt wird. Die Software ermöglicht die Durchführung von statistischen Analysen, aber auch die Entwicklung von Handelsstrategien, sowie
das Online-Trading. Die Software kann für unterschiedliche Finanzinstrumente und Märkte eingesetzt werden und stellt nicht selten nur eine EDV-
Schnittstellenanbindung an die Handelssysteme großer Broker und Banken
dar. Ähnlich einer Open-Source-Anwendung besitzt der Metatrader eine
ausgeprägte Offenheit in der Programmierung. In der zum Einsatz kommenden Programmiersprache MQL können individuelle Zusatzprogramme,
Expert Advisor, Indikatoren oder Skripte entwickelt und in das Handelssys-
tem integriert werden (vgl. MetaQuotes 2015). Die historischen Kurse
eines Währungspaares werden von unterschiedlichen Brokern und Banken
zur Verfügung gestellt. Im Rahmen des ECN-Handels (ECN: Electronic
Communication Network), wo mehrere Banken und Broker sich netzwerk-
artig miteinander verbinden, werden historische Kurse oft von dem jeweiligen Foreign exchange aggregator zur Verfügung gestellt. Diese unterscheiden sich marginal von den Kursen eines einzelnen Institutes (Bank
oder Broker). Der historische Datensatz des EURUSD beispielsweise, der
vom FX aggregator FXDD zur Verfügung gestellt wurde, hat im Metatrader-
eigenen Datenformat (*.hst) eine Größe von ca. 170 MB (FXDirectDealer
2015). Werden diese Daten konvertiert, damit sie beispielsweise in Excel
weiter ausgewertet werden können (*.csv), so beziffert sich die Größe der
Daten für ein Jahr bereits auf ca. 23 MB, was für den kompletten historischen Datensatz von 1999-2014 ca. 350 MB entspricht. Bei zehn Währungspaaren ist man schnell bei über 3 GB. Verwendet man für ein Währungspaar das am kleinsten abbildbare Intervall von einer Minute, verteilt
auf ein Jahr, so stehen etwa 366.477 Datensätze für die Auswertung zur
Verfügung. Berücksichtigt man dabei auch noch die Unterteilung in Eröff-
nungs-, Hoch-, Tief- und Schlusskurs, so summiert sich der Umfang auf
etwa 1.465.908 Daten für ein Jahr und ein Währungspaar. Der Umfang der
analysierten Daten und die Notwendigkeit einer spezifischen Softwarelö-
sung lassen die Untersuchung demzufolge der Begrifflichkeit Big Data Analytics unterordnen.

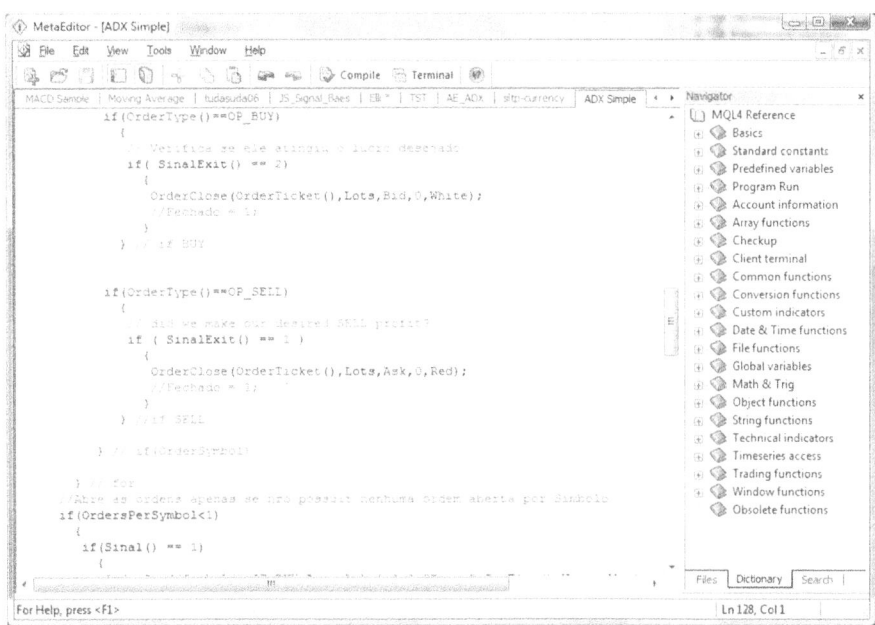

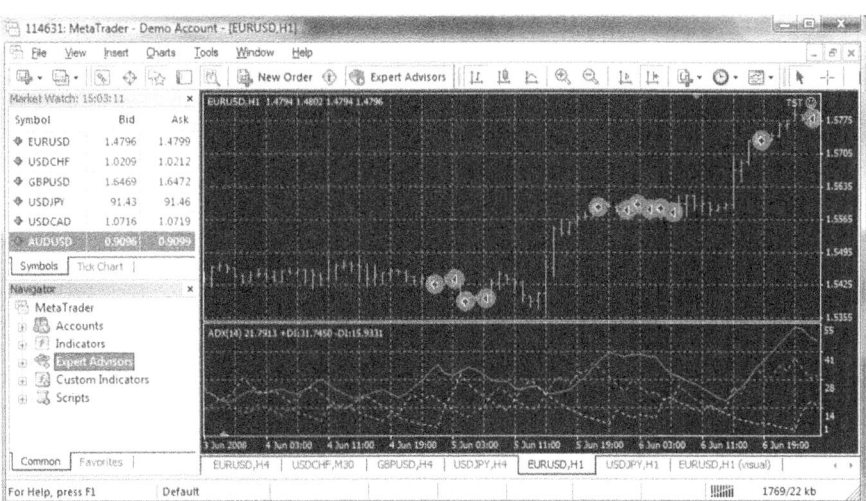

Abbildung 4.2: Auszug aus einem Beispielskript im Metaeditor und einer grafischen Auswertung eines Backtests im Metatrader (Quelle: MetaQuotes 2015)

Literaturverzeichnis

FXDirectDealer (2015): *MetaTrader 1-Minute Data*, http://www.fxdd.com/, aufgerufen am 13.04.2015.

MetaQuotes (2015): *MetaQuotes Software Corp.*, http://www.metaquotes.net/, aufgerufen am 13.04.2015.

Minelli, Michael; Chambers, Michele; Dhiraj, Ambiga (2013): *Big Data, Big Analytics: Emerging Business Intelligence and Analytic Trends for Today's Businesses*, first edn., Hoboken, New Jersey: John Wiley & Sons, Inc.

O'Reilly Media (2012): *Big Data Now: 2012 Edition*, 1st edn., Sebastopol, CA: O'Reilly Media Inc.

Ohlhorst, Frank J. (2013): *Big Data Analytics: Turning Big Data into Big Money*, first edn., Hoboken, New Jersey: John Wiley & Sons, Inc.

Zikopoulos, Paul C.; Eaton, Chris; Zikopoulos, Paul (2012): *Understanding Big Data: Analytics for Enterprise Class Hadoop and Streaming Data*, first edn., New York: Mcgraw-Hill Publ. Comp.

5   Makroökonomische Nachrichten und Devisenhandel

Der in Kapitel 3 dieser Untersuchung dargestellte Zusammenhang zwischen makroökonomischen Nachrichten und einer damit verbundenen Veränderung von Wechselkursen soll im Folgenden noch einmal aufgegriffen werden.

Das Angebot und die Nachfrage nach Devisen werden neben handelsbilanzbezogenen Gesichtspunkten auch durch die Zinspolitik der Notenbanken bestimmt. Bei höheren Zinsen im Inland wird der Theorie nach ausländisches Kapital ins Inland fließen. Dies ist an einer stärken Nachfrage nach inländischen Devisen zu spüren. Eine stärkere Nachfrage nach Devisen lässt die inländische Währung an Wert gewinnen, was sich in steigenden Wechselkursen widerspiegelt. Somit ist am Devisenmarkt eine Veränderung der Zinspolitik von entsprechend großem Interesse. Veränderungen oder aber auch nur zukünftige Absichten der Veränderungen des US-amerikanischen Zinsniveaus werden regelmäßig von der Fed nach den Offenmarktausschusssitzungen (FOMC) bekanntgegeben. Dieses Ereignis wird nicht nur an den Devisenmärkten mit Spannung verfolgt, bestimmt es doch die zukünftige Fähigkeit und Möglichkeiten der Finanzierung von Unternehmen und Haushalten in den USA. Dabei versucht der Markt, mögliche Veränderungen oder wichtige Entscheidungen in die Wechselkurse vor Veröffentlichung einzupreisen. In der Wissenschaft und am Markt besteht einhellig die Meinung, dass dieses Ereignis von größtmöglichem Interesse ist und ihm die volle Aufmerksamkeit der Marktteilnehmer zugutekommt (vgl. Danker und Luecke, 2005; vgl. Farka und Fleissig, 2012; vgl. Fischer und Ranaldo, 2011).

Die Entscheidungen der Notenbanker, Veränderungen im Zinsniveau festzulegen, fußen auf klassischen makroökonomischen Parametern. Neben dem Bruttoinlandsprodukt ist der Arbeitsmarkt von großer Bedeutung bei der Entscheidungsfindung der Notenbanken (vgl. Clark und Bednar 2013). Ein zentrales Merkmal der Angaben zum Arbeitsmarkt, wie Arbeitslosenquote oder Lohnniveau, ist die Wirkung auf andere ökonomische Parameter, wie Inflation oder das BIP. Denn zukünftige Veränderungen in den letztgenannten kündigen sich in der Regel durch signifikante Veränderungen am Arbeitsmarkt an. Somit stellen Angaben zur Beschaffenheit des Arbeitsmarktes einen zentralen Indikator für den Zustand einer Marktwirtschaft dar und sind für die Entscheidungen der Fed von großem Interesse. Das bedeutet natürlich auch, dass der Markt Veröffentlichungen zum Arbeitsmarkt ebenfalls mit großer Aufmerksamkeit verfolgt. Auch hier gilt, dass prognostizierte Veränderungen vom Markt durch Einpreisungen vorweggenommen werden. Die Wahl, sich bei den Auswertungen auf US-amerikanische Parameter zu konzentrieren, ist der Tatsache geschuldet, dass der US-Dollar die weltweit umsatzstärkste Devise darstellt und die Vereinigten Staaten gemessen am Bruttoinlandsprodukt noch immer die weltweit größte Volkswirtschaft sind (International Monetary Fund 2014).

5.1   Einführung

Die Grundidee bei der Auswertung in den folgenden Kapiteln ist die Einpreisung von makroökonomischen Größen durch den Markt in die Kurse von Devisenpaaren vor ihrer eigentlichen offiziellen Veröffentlichung. Damit verbunden ist eine entsprechende Korrektur der Wechselkurse zum Zeitpunkt der Veröffentlichungen, falls die Erwartungen und Prognosen des Marktes verfehlt werden. Die Kurskorrektur sollte sich dabei in einem signifikanten Anstieg der Volatilität widerspiegeln und sich ebenfalls signifikant von gleichen Zeiträumen abweichend vom Veröffentlichungszeitpunkt hervorheben. In der wissenschaftlichen Literatur wird dieser theoretische Ansatz durch die Analyse der Standardabweichung retrospektive herangezogen, um verlässliche Aussagen treffen zu können (vgl. Kohn und Sack 2004; Rosa 2013). Die Untersuchung in den folgenden Kapiteln versucht dabei auch, die globale Wirkung der Veröffentlichungen zum US-Arbeitsmarkt und die Ergebnisse der Offenmarktausschussberichte in die Auswertung mit einzubeziehen. Aus diesem Grund wurden die folgenden drei Währungspaare gewählt:

- **EURUSD** (Euro: US-Dollar)
- **AUDUSD** (Australischer Dollar: US-Dollar)
- **USDJPY** (US-Dollar: Japanischer Yen)

Das finanzwirtschaftliche Verhältnis von Europa, Japan und Australien zu den Vereinigten Staaten ist außerdem durch sehr enge ökonomische Verflechtungen miteinander gekennzeichnet. Der immer mehr an Bedeutung gewinnende chinesische Markt kann bei einer Analyse von Währungspaaren unter der Voraussetzung frei handelbarer Devisen nicht mit einbezogen werden, da das chinesische Währungssystem seit 1994 mit einer Bandbreite von 0,5% an den US-Dollar gekoppelt ist und der Renminbi keine frei handelbare Währung darstellt (vgl. Callaghan et al. 2013, S. 101). Für die Analyse wurde der Zeitraum von Januar 2011 bis März 2015 gewählt. Dies geschah im Wesentlichen vor dem Hintergrund, dass bis 2011 gerade bei den Offenmarktausschussberichten bereits Analysen und Untersuchungen mit ähnlichem methodischem Ansatz wie diese Untersuchung vorliegen. Eine Unterscheidung bei der Analyse zwischen Offenmarktausschusssitzungen mit und ohne Pressekonferenz ist nach jetzigem Wissenstand wissenschaftlich noch nicht durchgeführt wurden.

Eine Analyse der Veröffentlichungen zum US-Arbeitsmarkt ist aktuell von großem Interesse, da sich innerhalb der vergangenen drei Jahre der US-Arbeitsmarkt beträchtlich seit dem Höhepunkt der Finanzkrise erholt hat und somit der Fokus der US-Fed stärker auf andere makroökonomische Parameter gerichtet scheint, wie beispielsweise die Inflation.

Bei der Analyse wurden im Wesentlichen zwei methodische Ansätze gewählt. Die Volatilität wurde in der ersten Untersuchung auf Tagesbasis analysiert und im zweiten Schritt untertägig. Bei der tagesbezogenen Volatilität wurden die Schlusskurse der ausgewählten Währungen vor und am Tag der Veröffentlichung miteinander verglichen. Bei der untertägigen Untersuchung wurden die Standardabweichungen von fünf Minuten Intervallen der Kurse eine Stunde vor und zwei Stunden nach Veröffentlichung miteinander verglichen. Dieser Ansatz wurde bereits in wissenschaftlichen Untersuchungen mehrfach gewählt, um glaubwürdige und haltbare Ergebnisse zu liefern, siehe hierzu Kohn und Sack (2004) oder Rosa (2013).

5.2   US Non-Farm Payrolls

Bei den Veröffentlichungen zur nichtlandwirtschaftlichen Lohnbeschäftigung (Non-Farm Payrolls) in den USA handelt es sich um Angaben zum Beschäftigungs- und Lohnniveau innerhalb der Vereinigten Staaten (vgl. Bureau of Labor Statistics 2015). Laut Konsens wissenschaftlicher Literatur handelt es sich dabei um eine sehr einflussreiche Statistik. Die Daten werden von dem US Bureau of Labor Statistics regelmäßig zum Beginn eines jeden Monats veröffentlicht. Veröffentlichungszeit ist 8:30 a. m. US-amerikanische Eastern Time oder 14:30 Uhr mitteleuropäische Zeit.

Neben der Arbeitslosenquote wird die Veränderung in der Anzahl der Gehaltsabrechnungen im vorangehenden Monat bekanntgegeben. Die monatlichen Veränderungen und die Revisionen zum Vormonat können dabei sehr volatil sein. In der Regel liegen die veröffentlichten Veränderungen der nicht-landwirtschaftlichen Gehälter gegenüber dem Vormonat zwischen 10.000 und 250.000. Eine signalisierte Zunahme der Beschäftigung durch hohe positive Werte bei den Veränderungen der Gehaltsabrechnungen und sinkende Werte bei der Arbeitslosenquote bedeuten realwirtschaftlich, dass Unternehmen mehr Arbeitskräfte einstellen, was bedeutet, dass auch potenziell mehr Konsumenten für Waren und Dienstleistungen Geld ausgeben können. Darüber hinaus besteht zwischen sinkender Arbeitslosigkeit und steigenden Löhnen ein direkter Zusammenhang (vgl. Felderer 2005, S. 242 ff.). Somit stellen Angaben zum Arbeitsmarkt generell einen sehr guten Indikator über den allgemeinen Zustand einer Marktwirtschaft dar. Von besonderem Interesse bei der Auswertung des Einflusses auf den Devisenmarkt ist die 200.000er (200K) Grenze bei den Veränderungen der Gehaltsabrechnungen. Werte oberhalb dieser Grenze deuten auf einen robusten bzw. stabilen Arbeitsmarkt hin, der gekennzeichnet ist durch eine zukünftig sinkende Arbeitslosenquote und ebenfalls ein guter Indikator für absehbar steigende Löhne ist. Diese Grenze wird im Wesentlichen dadurch bestimmt, dass es auch jeden Monat eine gewisse Anzahl an (Neu)Anträgen auf Arbeitslosenunterstützung gibt. Die aktuelle Konstellation und Entwicklung der US-amerikanischen Arbeitsmarktes innerhalb der vergangene 4 Jahre (2011-2014) hat zusätzlich maßgeblichen Einfluss, der unter Ökonomen verschiedener Banken und Institutionen die Grenze von 200K bestimmt. Diese Entwicklung ist durch ein relativ konstantes Absinken der US-Arbeitslosenquote nach dem Höhepunkt der weltweiten Finanzkrise im November 2009 (10,2 %) gekennzeichnet (Bureau of Labor Statistics 2009).

5.2.1   Modellierung und Herangehensweise

Bei der Gegenüberstellung der Wechselkursschwankung am Tag der Veröffentlichung gegenüber dem Vortag wurde jeweils der Schlusskurs des ausgewählten Währungspaares (0:00 Uhr) am Vortag mit dem Schlusskurs am Veröffentlichungstag (0:00 Uhr) verglichen. Für die Auswertung wurden 51 Veröffentlichungen im Zeitraum vom 07. Januar 2011 bis 06. März 2015 herangezogen. Die Auswertung der 200K-Grenze erfolgte unter Einbeziehung von Abweichungen größer und kleiner 200K bei den Veröffentlichungen gegenüber den Marktprognosen. Somit schließt die Auswertung eine positive und negative Kursreaktion auf die antizipierten Veröffentlichungsparameter mit ein. Allerdings wurden bei den in Summe 18 Veröffentlichungen >200K die Marktprognosen nur bei 3 Veröffentlichungsterminen verfehlt. Die Kursangaben und prozentualen Abweichungen wurden vom Unternehmen Fusion Media Limited zur Verfügung gestellt. Die Angaben und Werte können öffentlich zugänglich über die Internetseite www.investing.com abgerufen werden. Bei der untertägigen Wechselkursschwankung als Maß für die Volatilität wurden die Kurse der Währungspaare im Fünf-Minuten-Intervall analysiert. Hintergrund ist eine ausreichend notwendige Zeitspanne, um die antizipierten Ergebnisse der Veröffentlichung durch den Markt korrigieren zu können. Die Kurse wurden vom US-amerikanischen Unternehmen FXDD (FXDirectDealer) mit Sitz in New York bezogen. Das Unternehmen ist spezialisiert auf Online-Trading, wobei es als sogenannter Aggregator eine elektronische Plattform für den Devisenhandel zur Verfügung stellt. An die Plattform ist die Liquidität unterschiedlicher Großbanken und Broker angeschlossen.

Es wurden die historischen Kurse vom 01. Januar 2011 bis 06. März 2015 mit Hilfe der kostenlos erhältlichen Software MetaTrader und einem eigens dafür erstelltem Programmskript extrahiert und analysiert. Pro Währungspaar wurden ca. 11.000 Datensätze ausgewertet. Bei der Berechnung der Volatilität wurde auf den Ansatz von Carlo Rosa (2013) zurückgegriffen, der die Standardabweichung als Maß für die Volatilität und somit Wechselkursschwankung herangezogen hat (vgl. Rosa 2013, S. 69). Mit Hilfe der Standardabweichung wurde die devisenbezogene Volatilität nach folgender Formel berechnet:

$$S = \sqrt{S^2} = \sqrt{\frac{1}{n-1} \sum_{i=1}^{n} (X_i - \overline{X})^2}$$

S = Standardabweichung des Währungspaares

i = Anzahl der untersuchten Werte

X_i = Schlusskurs des fünf-Minuten Intervalls des Währungspaares

$\overline{X}$ = Mittelwert des fünf-Minuten Intervalls

n = Stichprobenumfang

Die Ergebnisse sind im entsprechenden Diagramm als Linie abgetragen. Bei der Bestimmung des Signifikanzniveaus wurde auf den in der Wissenschaft üblichen 1%, 5%-Ansatz zurückgegriffen. Das bedeutet, dass die Irrtums-wahrscheinlichkeit 5 bzw. 1 % beträgt. Die Wahrscheinlichkeit, dass die Ergebnisse durch Zufall zustande gekommen wären, liegt dementspre-chend über dieser genannten Schwelle. Das Signifikanzniveau wurde durch einen im MS-Excel modellierten Levene-Test bestimmt. Zur weiteren Erhö-hung der Aussagekraft der Ergebnisse wurden die Standardabweichungen mit entsprechenden Berechnungen an Tagen verglichen, an denen der US-Arbeitsmarktbericht nicht veröffentlicht wurde. Hierzu wurde derselbe Wochentag und dieselbe Uhrzeit jeweils eine Woche vor und eine Woche nach Veröffentlichung einbezogen.

5.2.2 Auswertungsergebnisse

Die Auswertungsergebnisse setzen sich pro Währungspaar aus zwei Teilen zusammen. Der erste Teil stellt die durchschnittliche Kursabweichung auf Tages-Basis dar. Die detaillierten Auswertungsergebnisse aller 51 Veröf-fentlichungstermine können dem Appendix entnommen werden. Im zwei-ten Teil der Auswertung wird die Standardabweichung pro Währungspaar untertägig dargestellt. Der Zeitpunkt der Veröffentlichung ist durch eine schwarze, durchgehende Linie um 14:30 Uhr dargestellt. In der Darstellung ist auch derselbe Wochentag und dieselbe Uhrzeit jeweils eine Woche vor und eine Woche nach Veröffentlichung abgebildet. Die Werte sind grau (eine Woche nach Veröffentlichung) und schwarz gestrichelt (eine Woche vor Veröffentlichung) im selben Diagramm dargestellt. Das Signifikanzni-veau von 1% ist mit schwarzen Kästchen und weißer Füllung, das 5%-Niveau aus komplett schwarz gefülltem Kästchen gekennzeichnet.

5.2.2.1   EURUSD

Darstellung der durchschnittlichen Kursabweichung auf Tagesbasis.

	Kursabweichung in Prozent	prozentuale Kursabweichung im Betrag
Mittelwert	-0,07%	0,59%
Median	0,01%	0,46%
Payrolls >200K	**-0,42%**	**0,69%**
Payrolls <200K	0,13%	0,54%

	Payrolls (Veröffentlichung)	Kursabweichung in Prozent	Arbeitslosenquote (Veröffentlichung)	Kursabweichung in Prozent
größter Wert	321K	-0,75%	9,40%	-0,56%
kleinster Wert	0K	-0,52%	5,50%	-1,70%

Darstellung der untertägigen Standardabweichung im Fünf-Minuten-Intervall von 13:30 – 16:30 MEZ.

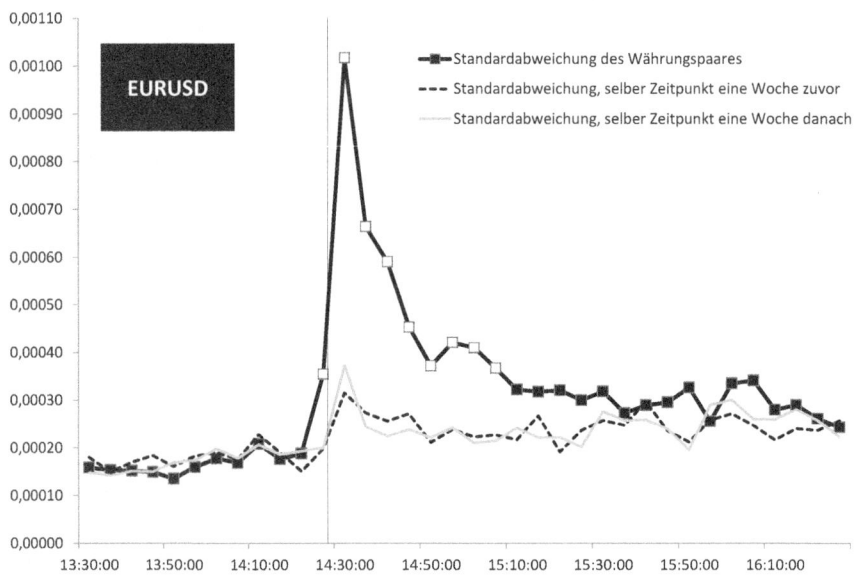

Abbildung 5.1:Wechselkursreaktion im EURUSD bei den US Non-Farm Payrolls

5.2.2.2 USDJPY

Darstellung der durchschnittlichen Kursabweichung auf Tagesbasis

	Kursabweichung in Prozent	prozentuale Kursabweichung im Betrag
Mittelwert	0,19%	0,60%
Median	0,20%	0,58%
Payrolls >200K	**0,50%**	**0,73%**
Payrolls <200K	0,02%	0,52%

	Payrolls (Veröffentlichung)	Kursabweichung in Prozent	Arbeitslosenquote (Veröffentlichung)	Kursabweichung in Prozent
größter Wert	321K	1,37%	9,40%	-0,20%
kleinster Wert	0K	-0,10%	5,50%	0,57%

Darstellung der untertägigen Standardabweichung im Fünf-Minuten-Intervall von 13:30 – 16:30 MEZ.

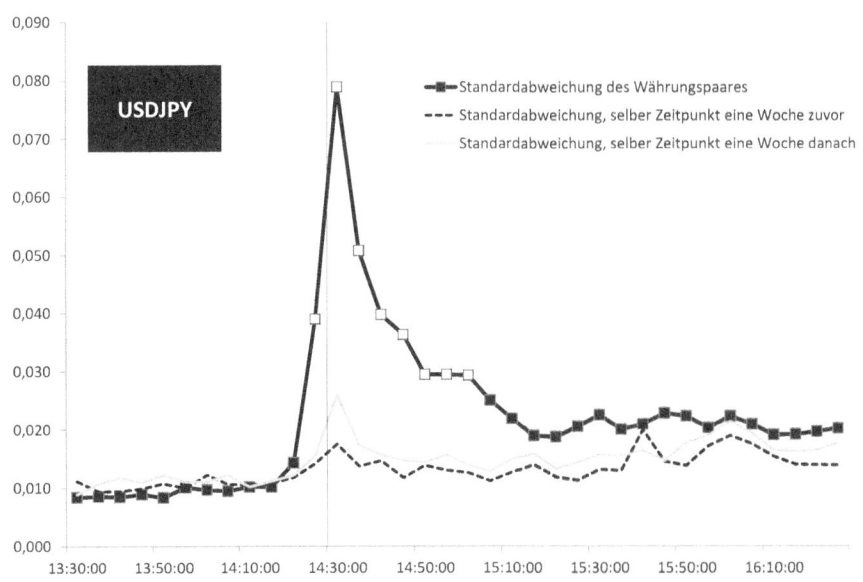

Abbildung 5.2: Wechselkursreaktion im USDJPY bei den US Non-Farm Payrolls

5.2.2.3   AUDUSD

Darstellung der durchschnittlichen Kursabweichung auf Tagesbasis.

	Kursabweichung in Prozent	prozentuale Kursabweichung im Betrag
Mittelwert	-0,04%	0,50%
Median	-0,03%	0,53%
Payrolls >200K	**-0,08%**	**0,59%**
Payrolls <200K	-0,01%	0,44%

	Payrolls (Veröffentlichung)	Kursabweichung in Prozent	Arbeitslosenquote (Veröffentlichung)	Kursabweichung in Prozent
größter Wert	321K	-0,68%	9,40%	0,29%
kleinster Wert	0K	-0,71%	5,50%	-0,82%

Darstellung der untertägigen Standardabweichung im Fünf-Minuten-Intervall von 13:30 – 16:30 MEZ.

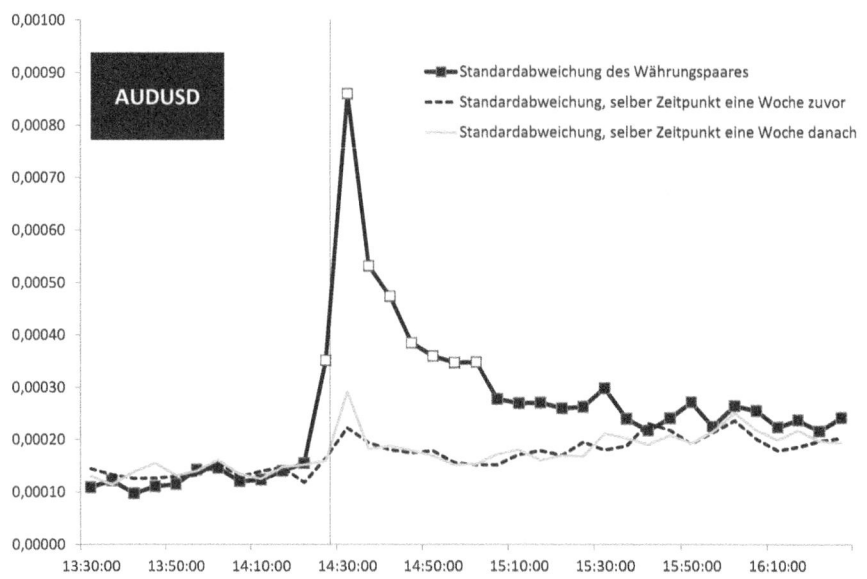

Abbildung 5.3: Wechselkursreaktion im AUDUSD bei den US Non-Farm Payrolls

5.3   FOMC Meetings mit Sitzungsprotokoll

Das wirtschaftspolitisch wichtigste Gremium der Fed, deren aktuellen Vor-
sitz Janet Yellen hat, tagt regelmäßig achtmal im Jahr. Während der Sitzungen werden wichtige wirtschaftspolitische Maßnahmen besprochen, wie
Offenmarktgeschäfte oder eine Veränderung des US-Leitzinses (vgl. Ahn
und Mevin 2007). Seit 2011 findet bei den Sitzungen eine Unterscheidung
zwischen Sitzung mit und Sitzung ohne anschließende Pressekonferenz
statt. Die wissenschaftliche Literatur ist sich auch bei diesem Ereignis sicher, dass dieser Unterschied für den Markt von außerordentlich großer
Bedeutung und Interesse ist (vgl. Danker und Luecke 2005; vgl. Meyer
2004).

In dem Statement des FOMC werden neben wirtschaftspolitischen Änderungen auch Angaben zur Konjunktur und zur wirtschaftlichen Verfassung
der USA gemacht, die maßgeblich die Entscheidungsfindung des FOMC
beeinflussen. Farka und Fleissig (2010) fanden zusätzlich heraus, dass auch
der genaue Wortlaut der veröffentlichten Meldungen große Beachtung
findet (vgl. Farka und Fleissig 2012, S. 387). Damit reagiert der Markt nicht
nur auf handfeste Veränderungen des US-Leitzinses oder angekündigte
Offenmarktgeschäfte, sondern auch auf eventuelle Projektionen von mög-
lichen Veränderungen in der Zukunft. Aus diesem Grund ist es besonders
interessant herauszufinden, ob bei Sitzungen mit anschließender Pressekonferenz und somit größerem Informationsgehalt die Reaktion des Marktes stärker ausfällt.

Um 2:00 p. m. US-amerikanische Eastern Time bzw. um 20:00 Uhr Mittel-
europäischer Zeit werden die aktuellen Statements in Form einer Pressemitteilung bekanntgegeben. Um 2:30 p. m. ET bzw. 20:30 Uhr MEZ hält der
Vorsitzende des Offenmarktausschusses eine ca. einstündige Pressekonferenz (Board of Governors of the Federal Reserve System 2015). Seit Dezember 2008 wurde im Zuge der weltweiten Finanzkrise die sogenannte
Federal Funds Rate, der Zinssatz, zu dem US-amerikanische Finanzinstitute

Geld untereinander leihen, um Salden im Kontext der Mindestreserveverpflichtungen bei der Fed auszugleichen, auf ein historisches Tief von 0,00 bis 0,25 % festgesetzt. Bis heute (Juli 2015) wurde dieser Zinssatz nicht erhöht (Federal Reserve Bank of St. Louis 2015). Zusätzlich wurde mit dem Quantitative Easing-Programm der Fed der weltweite Finanzmarkt mit Dollar überschwemmt, was sich in einem signifikanten Verfall des Wertes der US-amerikanischen Währung widerspiegelte. Umso interessanter ist für den Markt für Devisen eine absehbare Abkehr von diesem wirtschaftspolitischen Zustand. Seit dem Höhepunkt der Finanzkrise hat sich bereits der US-amerikanische Arbeitsmarkt signifikant erholt, so dass ein großer Teil der Marktteilnehmer von einer Anpassung der Federal Funds Rate in der zweiten Hälfte des Jahres 2015 ausgeht (vgl. CNBC 2015).

5.3.1 Modellierung und Herangehensweise

Wie bei der Analyse der Veröffentlichungen zum US-amerikanischen Arbeitsmarkt ist auch hier die Grundidee, dass eventuelle wirtschaftspolitische Änderungen oder Angaben zur US-Konjunktur vom Markt antizipiert werden. Daher wurden auch bei der Untersuchung der FOMC-Statements mit Pressekonferenz die Kurse der Währungspaare im Fünf-Minuten-Intervall analysiert unter dem Hintergrund, dass eine ausreichend notwendige Zeitspanne notwendig ist, um die antizipierten Ergebnisse der Veröffentlichung durch den Markt korrigieren zu können.

Die Kurse wurden ebenfalls vom US-amerikanischen Unternehmen FXDD (FXDirectDealer) bezogen. Es wurden die historischen Kurse vom 01. Januar 2011 bis 06. März 2015 mit Hilfe der kostenlos erhältlichen Software MetaTrader und einem eigens dafür erstelltem Programmskript extrahiert und analysiert. Bei der Berechnung der Volatilität wurde ebenfalls auf den Ansatz von Carlo Rosa (2013) zurückgegriffen, der die Standardabweichung als Maß für die Volatilität und somit Wechselkursschwankung herangezogen hat (Rosa 2013, S. 69). Die Berechnung der Standardabweichung und des Signifikanzniveaus erfolgten nach derselben Formel bzw. derselben

Methodik wie unter Punkt 5.4.1 geschildert. Die Ergebnisse sind in den entsprechenden Diagrammen als Linie abgetragen, inkl. einer Darstellung desselben Wochentages und derselben Uhrzeit jeweils eine Woche vor und eine Woche nach Veröffentlichung. Die Werte sind grau (eine Woche nach Veröffentlichung) und schwarz gestrichelt (eine Woche vor Veröffentlichung) dargestellt. Eine tagesbezogene Analyse der Wechselkursschwankungen, ähnlich der Auswertung zum US-amerikanischen Arbeitsmarkt, macht hier keinen Sinn, da es keine prognostizierten Parameter und Angaben gibt, die mit einem konkreten veröffentlichten Wert, wie der Arbeitslosenquote oder der Anzahl neu geschaffener Gehaltsabrechnungen vergleichbar wäre.

5.3.2   Auswertungsergebnisse

5.3.2.1   EURUSD

Darstellung der untertägigen Standardabweichung im Fünf-Minuten-Intervall von 19:00 – 22:00 MEZ.

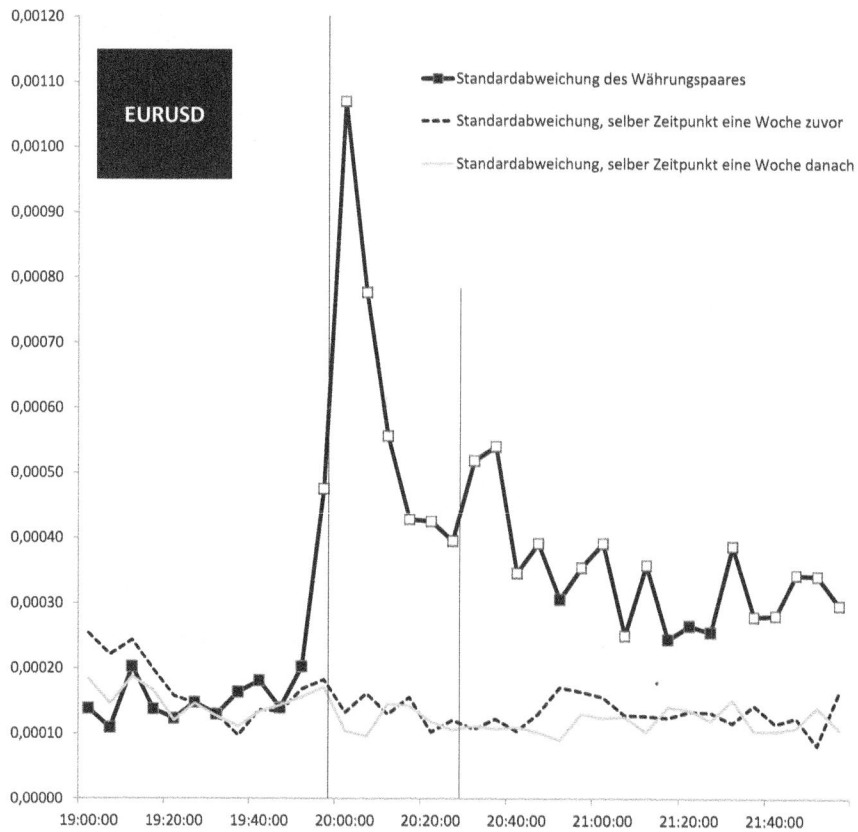

Abbildung 5.4: Wechselkursreaktion im EURUSD bei den FOMC-Meetings mit Sitzungsprotokoll

5.3.2.2 USDJPY

Darstellung der untertägigen Standardabweichung im Fünf-Minuten-Intervall von 19:00 – 22:00 MEZ.

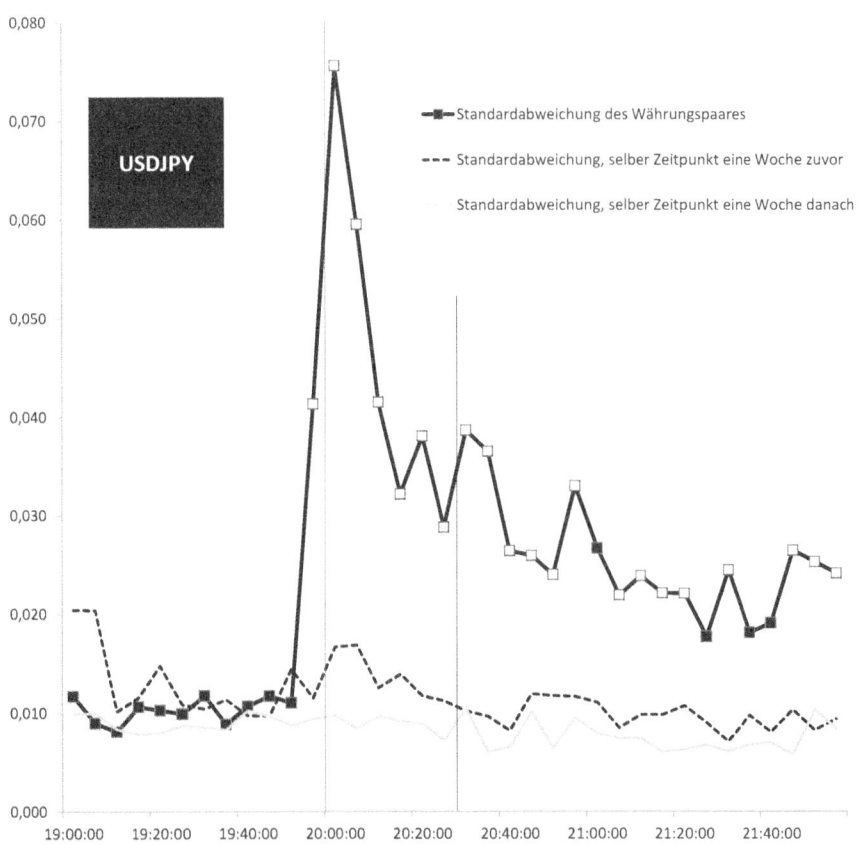

Abbildung 5.5: Wechselkursreaktion im USDJPY bei den FOMC-Meetings mit Sitzungsprotokoll

5.3.2.3 AUDUSD

Darstellung der untertägigen Standardabweichung im Fünf-Minuten-Intervall von 19:00 – 22:00 MEZ.

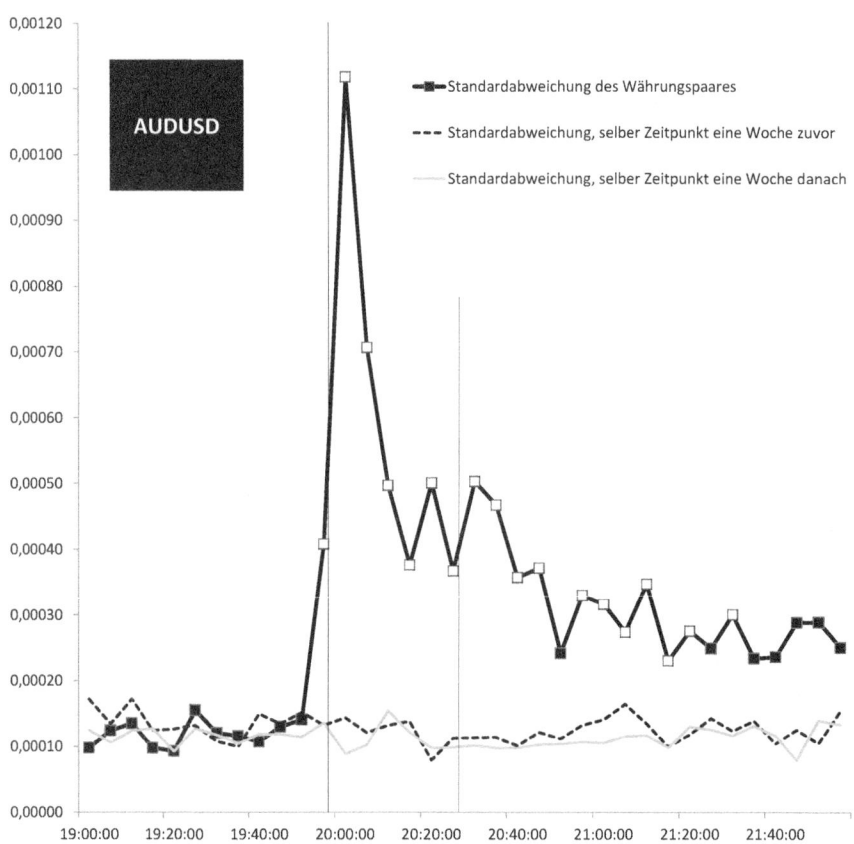

Abbildung 5.6: Wechselkursreaktion im AUDUSD bei den FOMC-Meetings mit Sitzungsprotokoll

5.4 FOMC Meetings ohne Sitzungsprotokoll

Im Folgenden werden die Wechselkursschwankungen zum Veröffentlichungszeitpunkt der FOMC-Statements ohne anschließende Pressekonferenz untersucht. Die Veröffentlichungen nach Sitzungen ohne Pressekonferenz werden ebenfalls um 2:00 p. m. US-amerikanische Eastern Time bzw. um 20:00 Uhr Mitteleuropäische Zeit in Form einer Pressemitteilung bekanntgegeben.

5.4.1 Modellierung und Herangehensweise

Die Modellierung und Herangehensweise bei der Analyse ist identisch mit den Ausführungen unter Kapitel 5.3.1.

5.4.2 Auswertungsergebnisse

Die Darstellungen der Auswertungsergebnisse sind ebenfalls identisch mit der Beschreibung unter Kapitel 5.3.2. Eine Kennzeichnung der hier nicht stattfindenden anschließenden Pressekonferenz um 20:30 Uhr entfällt.

5.4.2.1 EURUSD

Darstellung der untertägigen Standardabweichung im Fünf-Minuten-Intervall von 13:30 – 16:30 MEZ.

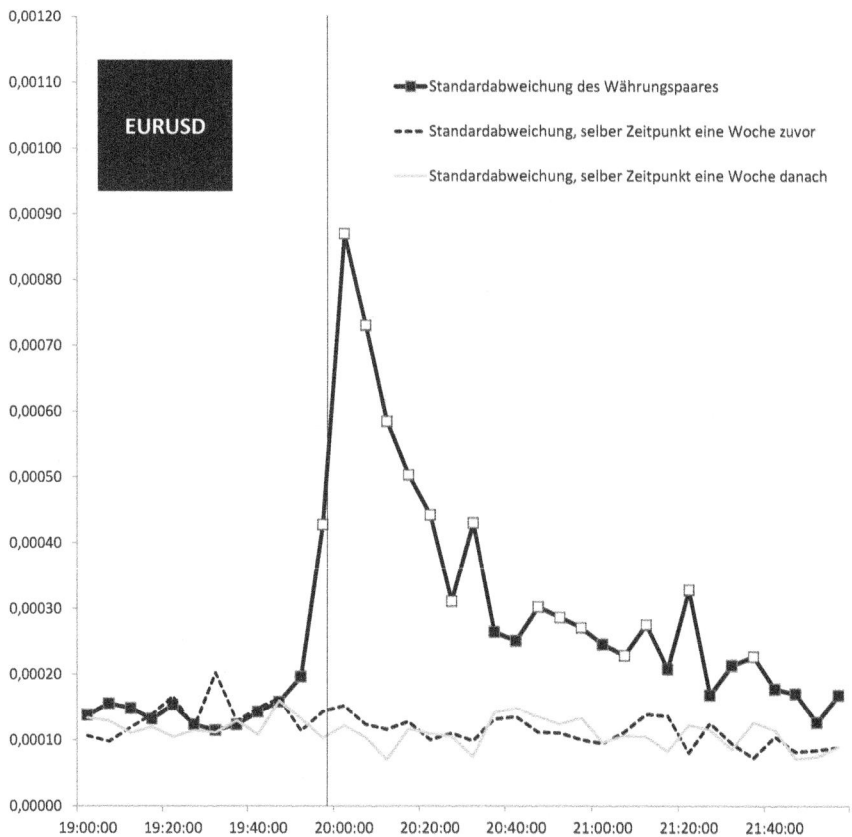

Abbildung 5.7: Wechselkursreaktion im EURUSD bei den FOMC-Meetings ohne Sitzungsprotokoll

5.4.2.2   USDJPY

Darstellung der untertägigen Standardabweichung im Fünf-Minuten-Intervall von 13:30 – 16:30 MEZ.

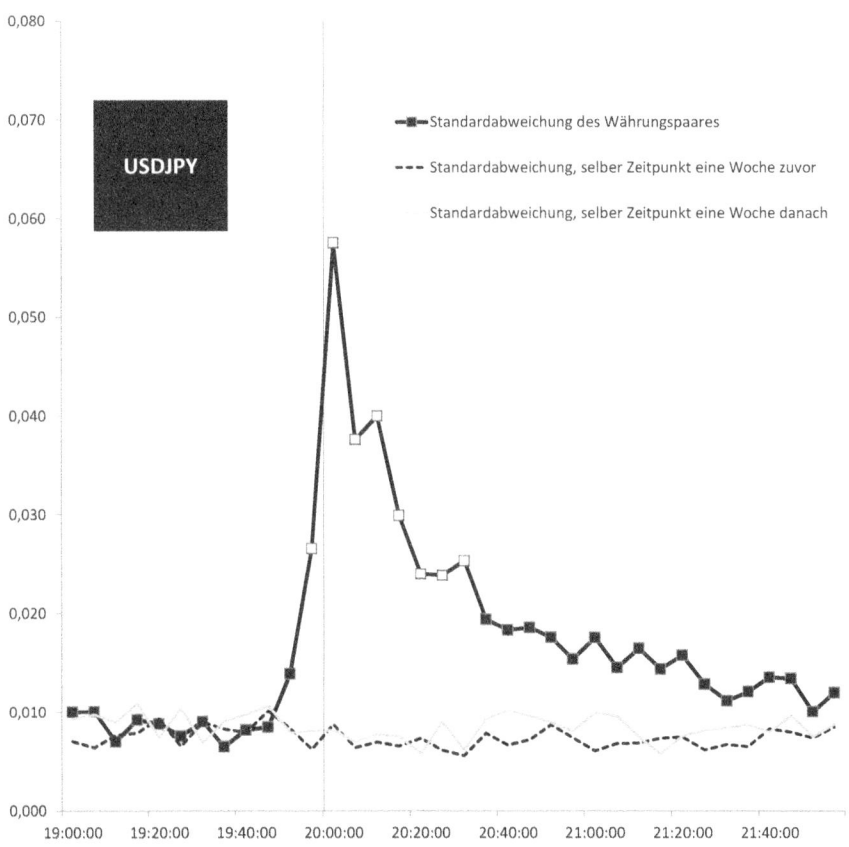

Abbildung 5.8: Wechselkursreaktion im USDJPY bei den FOMC-Meetings ohne Sitzungsprotokoll

5.4.2.3   AUDUSD

Darstellung der untertägigen Standardabweichung im Fünf-Minuten-
Intervall von 13:30 – 16:30 MEZ.

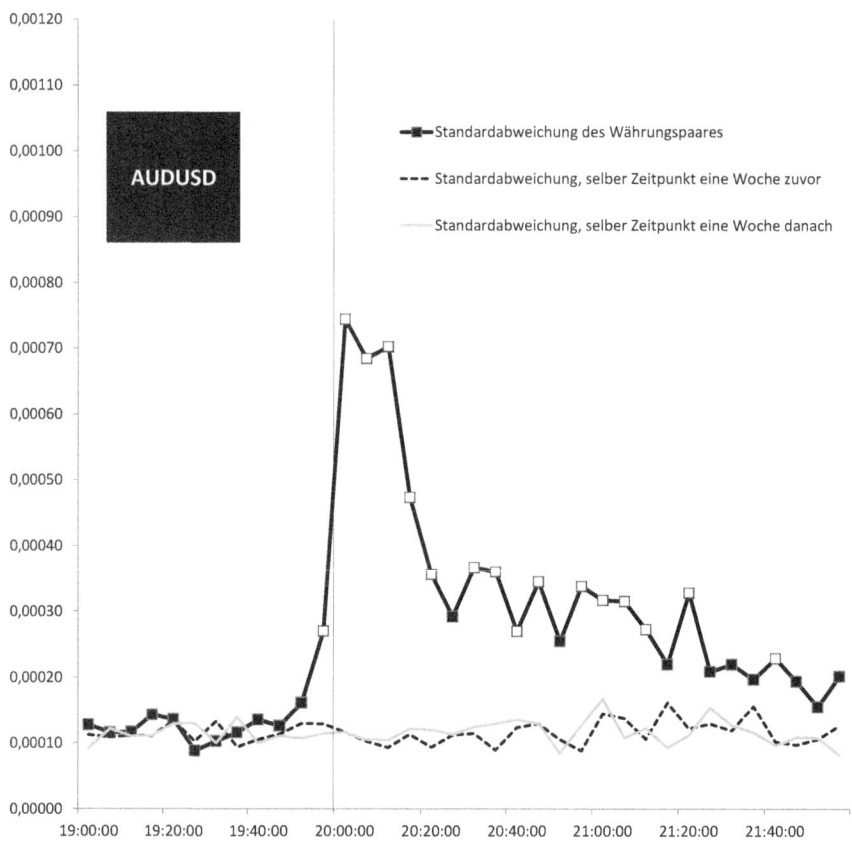

**Abbildung 5.9: Wechselkursreaktion im AUDUSD bei den FOMC-Meetings
ohne Sitzungsprotokoll**

Literaturverzeichnis

Ahn, Sueng Chan and Mevin, Michael (2007): *Exchange Rates and FOMC Days*, Journal of Money, Credit and Banking, Vol. 39, No. 5, pp. 1245-1266.

Board of Governors of the Federal Reserve System (2015): *Federal Open Market Committee*, http://www.federalreserve.gov/, aufgerufen am 01.04.2014.

Board of Governors of the Federal Reserve System (2011): *Press Release*, http://www.federalreserve.gov/, aufgerufen am 01.04.2014.

Board of Governors of the Federal Reserve System (2014): *Press Release, October 29, 2014,* http://www.federalreserve.gov/, aufgerufen am 01.04.2014.

Bureau of Labor Statistics (2015): *Economic Release: Producer Price Index, April 14, 2015*, http://www.bls.gov/, aufgerufen am 01.05.2015.

Bureau of Labor Statistics (2015): *Economic News Release, Employment Situation*, http://www.bls.gov/, aufgerufen am 01.04.2015.

Bureau of Labor Statistics (2009): *Economic News Release, Employment Situation News Release November 6, 2009*, http://www.bls.gov/, aufgerufen am 12.04.2015.

Callaghan, Michael; Ghate, Chetan; Pickford, Stephen; Rathinam, Francis X. (2014): *Global Cooperation Among G20 Countries: Responding to the Crisis and Restoring Growth*, first edn., New York: Springe Verlag.

Clark, Tod and Bednar, Bill (2013): *Recent Changes in FOMC Communication and the Committee's Updated Projections*, Economic Trends (07482922), pp. 18-20.

CNBC (2015): *Rate hike now seen in September: CNBC Fed survey*, http://www.cnbc.com/, aufgerufen am 20.04.2015.

Danker, Deborah J. and Luecke, Matthew M. (2005): *Background on FOMC Meeting Minutes*, Federal Reserve Bulletin, Vol. 91, Issue 2, pp. 175-179.

Farka, M. and Fleissig, Adrian R. (2012): *The effect of FOMC statements on asset prices*, International Review of Applied Economics, Vol. 26, Issue 3, pp. 387-416.

Federal Reserve Bank of St. Louis (2015): *Economic Research, Effective Federal Funds Rate*, https://research.stlouisfed.org, aufgerufen am 20.04.2015.

Felderer, Bernhard (2005): *Makroökonomik Und Neue Makroökonomik*, 9. Auflage, Heidelberg: Springer-Verlag.

Fischer, Andreas M. and Ranaldo, Angelo (2011): *Does FOMC news increase global FX trading?*, Journal of Banking & Finance, Elsevier, Vol. 35, pp. 2965 - 2973.

FXDirectDealer (2015): *MetaTrader 1-Minute Data*, http://www.fxdd.com/, aufgerufen am 13.04.2015.

International Monetary Fund (2014): *World Economic Outlook Database, April 2014*, http://www.imf.org, aufgerufen am 20.04.2015.

Kohn, Donald L. and Brian P. Sack (2004): *Central Bank Talk: Does It Matter and Why?*, Macroeconomics, Monetary Policy, and Financial Stability, pp. 175-206. Proceedings of a Conference Held at the Bank of Canada, Ottawa, Canada, June 2003.

Meyer, Laurence H. (2004): *Inside the FOMC*, International Economy, Vol. 18, Issue 3, pp. 14-85.

Rosa, Carlo (2013): *The Financial Market Effect of FOMC Minutes*, Economic Policy Review (19320426), Vol. 19, Issue 2, pp. 67-81.

6 Schlussfolgerungen

Die Auswertungsergebnisse der Kapitel 5.2, 5.3 und 5.4 bestätigen den allgemeinen wissenschaftlichen Konsens, dass Veröffentlichungen zum US-amerikanischen Arbeitsmarkt und zu den Ergebnissen des Fed Offenmarkt-ausschusses eine signifikante Auswirkung auf die Wechselkursschwankungen im EURUSD, USDJPY und AUDUSD haben. Die Ergebnisse decken sich auch weitestgehend mit der Größenordnung bisher vorhandener For-schungsergebnisse (vgl. Rosa 2013; vgl. Fischer und Ranaldo 2011).

Bei der untertägigen Analyse zum Arbeitsmarktbericht zeigt sich zudem, dass in dem Fünf-Minuten-Intervall vor dem Zeitpunkt der Veröffentli-chung um 14:30 UHR MEZ bereits ein signifikanter Anstieg der Volatilität. Dieses Phänomen kann bei allen drei untersuchten Währungspaaren beo-bachtet werden. Die Größenordnung der Schwankung der Standardabwei-chung als Maß für die Volatilität ist in einem Zeitfenster von 10 Minuten (14:20 – 14:30 UHR, MEZ) um den Veröffentlichungszeitpunkt in den un-tersuchten Währungspaaren annähernd gleich. So ist zum Zeitpunkt der Veröffentlichung der Payrolls die Standardabweichung im Durchschnitt um den Faktor 5,3 (EURUSD), 5,6 (USDJPY) und 5,7 (AUDUSD) größer als die Standardabweichung des jeweiligen Währungspaares um 14:20 Uhr, MEZ. Demzufolge haben die Meldungen zum US-amerikanischen Arbeitsmarkt die größte Auswirkung auf den AUDUSD. Allerdings unterscheidet sich die Schwankung beispielsweise nur um ca. 7% gegenüber dem EURUSD, der von den Veröffentlichungen am wenigsten betroffen zu sein scheint. Die wissenschaftlich bisher nicht erfolgte Unterscheidung der Auswirkungen von neu geschaffenen Veröffentlichungen größer als 200K liefert im Rah-men der hier vorliegenden Untersuchungsergebnisse ebenfalls ein klares Ergebnis.

Bei allen drei untersuchten Währungspaaren ist die tagesbezogene prozen-tuale Abweichung der Devisenkurse am Veröffentlichungstag gegenüber dem Vortag bei Veröffentlichungen >200K am stärksten. Allerdings zeigt sich hier ein genau umgekehrtes Bild. Am stärksten betroffen ist der EU-RUSD, der mit durchschnittlich -0,42% gegenüber dem Vortag und somit 0,55 Prozentpunkten stärker abweicht als bei Veröffentlichungen <200K. Der USDJPY zeigt mit einer durchschnittlichen Abweichung von 0,50% bei Veröffentlichungen >200K und somit 0,48 Prozentpunkten mehr als bei Veröffentlichungen <200K ein ähnliches Ergebnis. Am wenigsten signifikant ist die Auswirkung beim AUDUSD, der mit lediglich -0,08% bei Veröffentlichungen >200K gegenüber dem Vortag abweicht, was aber trotzdem um den Faktor 7 größer ist als bei Veröffentlichungen <200K. Die Vorzeichen der Kursschwankungen bestätigen darüber hinaus den makroökonomischen Kontext. Beim EURUSD und AUDUSD ist das Vorzeichen negativ und beim USDJPY positiv. Ein stärkerer US-amerikanischer Arbeitsmarkt als Indikator für eine wachsende US-amerikanische Marktwirtschaft und somit steigende Wahrscheinlichkeit einer Leitzinserhöhung in den USA impliziert ein Erstarken der US-Währung, was auf den Euro, den Australischen Dollar sowie den japanischen Yen wertmindernde Auswirkungen hat.

Das positive Vorzeichen im Yen ist mit der umgekehrten Notation, d. h. Erstnennung des US-Dollar, erklärt. Darüber hinaus halten die Auswertungsergebnisse der vorangegangenen Kapitel eine weitere Überraschung bereit. Bei allen drei untersuchten Währungspaaren kann zum Zeitpunkt der Veröffentlichungen exakt eine Woche danach ein leichter Anstieg der Volatilität beobachtet werden (graue Linie in den Darstellungen zu den Payrolls). Hierfür konnte nach kurzer Recherche eventuell das dafür in Frage kommende Ereignis identifiziert werden. Da aufgrund des Umfangs der analysierten Daten ein einmaliges Ereignis nahezu ausgeschlossen werden konnte (51 ausgewertete Veröffentlichungstage), kann hierfür ebenfalls nur ein regelmäßig erscheinendes (makro)ökonomische Ereignis die Ursache sein. Es konnte herausgefunden werden, dass exakt eine Woche nach den Veröffentlichungen zu den Payrolls der US-amerikanische Erzeugerpreisindex (engl. Producer Price Index, PPI) um genau dieselbe Uhrzeit wie die Payrolls veröffentlicht wird. Dieses ökonomische Maß stellt als Inflationsindikator das Mittelmaß der Veränderung der Verkaufspreise dar, die von US-amerikanischen Inlandsproduzenten für Waren und Leistungen erhalten wurden (vgl. Bureau of Labor Statistics 2015).

Die Auswertungsergebnisse legen die Vermutung nahe, dass der Inflationsindikator eine zunehmende Relevanz bei der Wechselkursentwicklung hat. Es konnte ebenfalls herausgefunden werden, dass die Fed seit Herbst 2014 über die niedrige Inflation in den USA besonders besorgt ist (vgl. Board of Governors of the Federal Reserve System 2014). Einige Analysten bedeutender internationaler Großbanken argumentieren darüber hinaus, dass die Inflation stärker in den Fokus der Fed zu rücken scheint als die Bedeutung des US-Arbeitsmarktes. Torsten Slok, Chefökonom bei der Deutschen Bank, äußerte in einem Interview gegenüber der U.S. News & World Report LP, dass Veröffentlichungen zur US-Inflation aktuell (Dezember 2014) die mit Abstand größte Aufmerksamkeit genießen:

„[...] *Maybe inflation is actually the most important thing of the two things that we look at*" (Peralta 2014).

Die Auswertungen zu den Offenmarktausschusssitzungen zeigen deutlich, dass die Standardabweichungen der untersuchten Währungspaare im Durchschnitt an Sitzungstagen mit anschließender Pressekonferenz signifikant höher sind. Vergleicht man hier ebenfalls den Faktor, um welchen die Standardabweichungen in einem 10 Minuten-Zeitfenster um den Veröffentlichungszeitpunkt abweichen, so stellt sich heraus, dass die Veröffentlichungen zu den FOMC-Sitzungen eine größere Auswirkung auf die Volatilität der ausgewählten Wechselkurse haben als Veröffentlichungen zum US-Arbeitsmarkt (EURUSD: Faktor 5,35, USDJPY: Faktor 6,91, AUDUSD: Faktor 7,47). Dies ist interessant, galten die Payrolls doch seit jeher als der „king of announcements" (Andersen und Bollerslev 1997, S. 125). Auch hier zeigt sich, dass der AUDUSD als am stärksten betroffen ist, nutzt man die Standardabweichung als Maß für die Wechselkursschwankung. Ein plausibler Grund könnte in der Tatsache zu finden sein, dass bei einer den Markt völlig überraschenden Ankündigung von Maßnahmen oder Änderungen der wirtschaftspolitischen Ausrichtung durch das FOMC die Auswirkungen auf den weltweiten Devisenmarkt verheerend sind. Als Beispiel wäre die Bekanntmachung der Fed im Jahre 2013 zu nennen, welche den Markt trotz aller Ankündigungen überraschte, das Quantitative Easing einzustellen bzw. zu reduzieren. Unerwarteterweise spielt die anschließende Pressekonferenz, welche in der Regel eine halbe Stunde im Anschluss an die Veröffentlichung der Statements vom Offenmarktausschussvorsitzenden abgehalten wird, keine besondere Rolle. In den grafischen Auswertungen wurde der Beginn der Pressekonferenz ebenfalls mit einer durchgehenden schwarzen Linie um 20:30 Uhr MEZ abgetragen, allerdings zeigt sich hier nur eine leichte Erhöhung der Volatilität, bleibt aber zwischen kurz nach 20:00 Uhr und 20:30 UHR MEZ in den untersuchten Währungspaaren relativ konstant. Mangels Plausibilität würde dieses Phänomen nur dann eine Sinnhaftigkeit bekommen, könnte man den Informationsgehalt der Statements an Tagen mit Pressekonferenz mit Tagen ohne Pressekonferenz vergleichen. Allerdings erweist sich das als äußerst schwierig, da die Statements keinem strikten Muster folgen und bestimmte Angaben nicht regelmäßig Inhalt der Statements sind. Daher bleibt vorerst nur, diese Erscheinung zur Kenntnis zu nehmen. Dennoch beträgt der Unterschied der Standardabweichung um 20:00 Uhr MEZ an Tagen mit Pressekonferenz gegenüber Tagen ohne Pressekonferenz beispielsweise im AUDUSD sogar über 50% (EURUSD: 23%, USDJPY: 31%). Für Investoren dürfte daher die Terminserie der FOMC Sitzungen mit anschließender Pressekonferenz größere Bedeutung haben.

Generell kann geschlussfolgert werden, dass der weltweite Devisenhandel zusehends an Bedeutung gewinnt, sei es gemessen am durchschnittlichen, täglichen Handelsvolumen oder aber an der medialen Präsenz bezüglich Währungskriegen bzw. -konflikten. Auch scheint sich innerhalb der vergangenen vier Jahre die Auswirkung der Veröffentlichungen zum US-amerikanischen Arbeitsmarkt, der Inflation und den FOMC-Statements auf den Devisenmarkt etwas zu verschieben.

Ob dieses Phänomen anhaltender Natur ist, lässt sich nur durch weitere Beobachtungen herausfinden. Allerdings sei hier angemerkt, dass sich die USA und sogar die gesamte globale Wirtschaft auch sieben Jahre nach Ausbruch der weltweiten Finanzkrise noch immer in einer Art Ausnahmesituation befinden. Eindrucksvolles Beispiel dafür ist die noch immer andauernde Niedrigzinspolitik der Vereinigten Staaten und das gerade erst kürzlich beschlossene Anleihekaufprogramm der EZB. Sobald sich hier signifikante Änderungen abzeichnen sollten, ist davon auszugehen, dass sich auch die Intensität der Auswirkung ausgewählter makroökonomischer Parameter auf den Devisenmarkt ändern wird, zumal die weltweite Wirtschaft regelmäßigen Zyklen unterworfen ist, die sich in konjunkturell starken und konjunkturell schwachen Phasen widerspiegeln.

Literaturverzeichnis

Andersen, Torben G. and Bollerslev, Tim (1997): *Intraday Periodicity and Volatility Persistence in Financial Markets*, Journal of Empirical Finance 4, No. 2-3 (June), pp. 115-158.

Board of Governors of the Federal Reserve System (2015): *Federal Open Market Committee*, http://www.federalreserve.gov/, aufgerufen am 01.04.2014.

Board of Governors of the Federal Reserve System (2011): *Press Release*, http://www.federalreserve.gov/, aufgerufen am 01.04.2014.

Board of Governors of the Federal Reserve System (2014): *Press Release, October 29, 2014*, http://www.federalreserve.gov/, aufgerufen am 01.04.2014.

Bureau of Labor Statistics (2015): *Economic Release: Producer Price Index, April 14, 2015*, http://www.bls.gov/, aufgerufen am 01.05.2015.

Bureau of Labor Statistics (2015): *Economic News Release, Employment Situation*, http://www.bls.gov/, aufgerufen am 01.04.2015.

Bureau of Labor Statistics (2009): *Economic News Release, Employment Situation News Release November 6, 2009*, http://www.bls.gov/, aufgerufen am 12.04.2015.

Fischer, Andreas M. and Ranaldo, Angelo (2011): *Does FOMC news increase global FX trading?*, Journal of Banking & Finance, Elsevier, Vol. 35, pp. 2965 - 2973.

Peralta, Katherine (2014): *Fed: Oranges are Lighter than Apples*, U.S.: News & World Report LP, http://www.usnews.com/, aufgerufen am 01.05.2015.

Rosa, Carlo (2013): *The Financial Market Effect of FOMC Minutes*, Economic Policy Review (19320426), Vol. 19, Issue 2, pp. 67-81.

Verzeichnis des Appendix

7   Appendix 1: Kursabweichungen auf Tagesbasis im EURUSD, Payrolls

Datum	Payrolls			Arbeitslosenquote			Abweichung in %	prozentualle Abweichung im Betrag
	Aktuell	Prgonose	Vorherige	Aktuell	Prognose	Vorherige		
06.03.15	295	240K	239K	5,50%	5,60%	5,70%	-1,70%	1,70%
06.02.15	257	234K	329K	5,70%	5,60%	5,60%	-1,40%	1,40%
09.01.15	252	240K	353K	5,60%	5,70%	5,80%	0,42%	0,42%
05.12.14	321	225K	243K	5,80%	5,80%	5,80%	-0,75%	0,75%
07.11.14	214	231K	256K	5,80%	5,90%	5,90%	0,64%	0,64%
03.10.14	248	215K	180K	5,90%	6,10%	6,10%	-1,20%	1,20%
05.09.14	142	225K	212K	6,10%	6,10%	6,20%	0,05%	0,05%
01.08.14	209	233K	298K	6,20%	6,10%	6,10%	0,31%	0,31%
03.07.14	288	212K	224K	6,10%	6,30%	6,30%	-0,36%	0,36%
06.06.14	217	218K	282K	6,30%	6,40%	6,30%	-0,13%	0,13%
02.05.14	288	210K	203K	6,30%	6,60%	6,70%	0,01%	0,01%
04.04.14	192	200K	197K	6,70%	6,60%	6,70%	-0,12%	0,12%
07.03.14	175	149K	129K	6,70%	6,60%	6,60%	0,12%	0,12%
07.02.14	113	185K	75K	6,60%	6,70%	6,70%	0,33%	0,33%
10.01.14	74	196K	241K	6,70%	7,00%	7,00%	0,46%	0,46%
06.12.13	203	180K	200K	7,00%	7,20%	7,30%	0,28%	0,28%
08.11.13	204	125K	163K	7,30%	7,30%	7,20%	-0,35%	0,35%
22.10.13	148	180K	193K	7,20%	7,30%	7,30%	0,72%	0,72%
06.09.13	169	180K	104K	7,30%	7,40%	7,40%	0,46%	0,46%
02.08.13	162	184K	188K	7,40%	7,50%	7,60%	0,57%	0,57%
05.07.13	195	165K	195K	7,60%	7,50%	7,60%	-0,63%	0,63%
07.06.13	175	170K	149K	7,60%	7,50%	7,50%	-0,18%	0,18%
03.05.13	165	145K	138K	7,50%	7,60%	7,60%	0,39%	0,39%
05.04.13	88	200K	268K	7,60%	7,70%	7,70%	0,43%	0,43%
08.03.13	236	160K	119K	7,70%	7,90%	7,90%	-0,77%	0,77%

01.02.13	157	160K	196K	7,90%	7,80%	7,80%	0,45%	0,45%
04.01.13	155	150K	161K	7,80%	7,70%	7,80%	0,16%	0,16%
07.12.12	146	93K	138K	7,70%	7,90%	7,90%	-0,32%	0,32%
02.11.12	171	125K	148K	7,90%	7,90%	7,80%	-0,81%	0,81%
05.10.12	114	113K	142K	7,80%	8,20%	8,10%	0,12%	0,12%
07.09.12	94	125K	141K	8,10%	8,30%	8,30%	1,46%	1,46%
03.08.12	163	100K	64K	8,30%	8,20%	8,20%	1,69%	1,69%
06.07.12	80	90K	77K	8,20%	8,20%	8,20%	-0,85%	0,85%
01.06.12	69	150K	77K	8,20%	8,10%	8,10%	0,61%	0,61%
04.05.12	115	170K	154K	8,10%	8,20%	8,20%	-0,52%	0,52%
06.04.12	120	203K	240K	8,20%	8,30%	8,30%	0,30%	0,30%
09.03.12	227	210K	284K	8,30%	8,30%	8,30%	-1,12%	1,12%
03.02.12	243	150K	203K	8,30%	8,50%	8,50%	0,18%	0,18%
06.01.12	200	150K	100K	8,50%	8,70%	8,70%	-0,57%	0,57%
02.12.11	120	120K	100K	8,60%	9,00%	9,00%	-0,56%	0,56%
04.11.11	80	95K	158K	9,00%	9,10%	9,10%	-0,24%	0,24%
07.10.11	103	53K	57K	9,10%	9,10%	9,10%	-0,38%	0,38%
02.09.11	0	74K	85K	9,10%	9,10%	9,10%	-0,52%	0,52%
05.08.11	117	95K	46K	9,10%	9,20%	9,20%	1,44%	1,44%
08.07.11	18	89K	25K	9,20%	9,10%	9,10%	-0,68%	0,68%
03.06.11	54	169K	232K	9,10%	9,00%	9,00%	1,01%	1,01%
06.05.11	244	185K	221K	9,00%	8,80%	8,80%	-1,67%	1,67%
01.04.11	216	188K	194K	8,80%	8,90%	8,90%	0,55%	0,55%
04.03.11	192	180K	63K	8,90%	9,10%	9,00%	0,22%	0,22%
04.02.11	36	150K	121K	9,00%	9,60%	9,40%	-0,32%	0,32%
07.01.11	103	150K	71K	9,40%	9,70%	9,80%	-0,56%	0,56%

8 Appendix 2: Kursabweichungen auf Tagesbasis im USDJPY, Payrolls

Datum	Payrolls			Arbeitslosenquote			Abweichung in %	prozentualle Abweichung im Betrag
	Aktuell	Prgonose	Vorherige	Aktuell	Prognose	Vorherige		
06.03.15	295	240K	239K	5,50%	5,60%	5,70%	0,57%	0,57%
06.02.15	257	234K	329K	5,70%	5,60%	5,60%	1,23%	1,23%
09.01.15	252	240K	353K	5,60%	5,70%	5,80%	-0,94%	0,94%
05.12.14	321	225K	243K	5,80%	5,80%	5,80%	1,37%	1,37%
07.11.14	214	231K	256K	5,80%	5,90%	5,90%	-0,58%	0,58%
03.10.14	248	215K	180K	5,90%	6,10%	6,10%	1,25%	1,25%
05.09.14	142	225K	212K	6,10%	6,10%	6,20%	-0,16%	0,16%
01.08.14	209	233K	298K	6,20%	6,10%	6,10%	-0,17%	0,17%
03.07.14	288	212K	224K	6,10%	6,30%	6,30%	0,39%	0,39%
06.06.14	217	218K	282K	6,30%	6,40%	6,30%	0,09%	0,09%
02.05.14	288	210K	203K	6,30%	6,60%	6,70%	-0,15%	0,15%
04.04.14	192	200K	197K	6,70%	6,60%	6,70%	-0,62%	0,62%
07.03.14	175	149K	129K	6,70%	6,60%	6,60%	0,20%	0,20%
07.02.14	113	185K	75K	6,60%	6,70%	6,70%	0,23%	0,23%
10.01.14	74	196K	241K	6,70%	7,00%	7,00%	-0,65%	0,65%
06.12.13	203	180K	200K	7,00%	7,20%	7,30%	1,11%	1,11%
08.11.13	204	125K	163K	7,30%	7,30%	7,20%	1,01%	1,01%
22.10.13	148	180K	193K	7,20%	7,30%	7,30%	-0,05%	0,05%
06.09.13	169	180K	104K	7,30%	7,40%	7,40%	-1,01%	1,01%
02.08.13	162	184K	188K	7,40%	7,50%	7,60%	-0,58%	0,58%
05.07.13	195	165K	195K	7,60%	7,50%	7,60%	1,15%	1,15%
07.06.13	175	170K	149K	7,60%	7,50%	7,50%	0,61%	0,61%
03.05.13	165	145K	138K	7,50%	7,60%	7,60%	1,08%	1,08%
05.04.13	88	200K	268K	7,60%	7,70%	7,70%	1,24%	1,24%
08.03.13	236	160K	119K	7,70%	7,90%	7,90%	1,27%	1,27%

01.02.13	157	160K	196K	7,90%	7,80%	7,80%	1,09%	1,09%
04.01.13	155	150K	161K	7,80%	7,70%	7,80%	1,05%	1,05%
07.12.12	146	93K	138K	7,70%	7,90%	7,90%	0,08%	0,08%
02.11.12	171	125K	148K	7,90%	7,90%	7,80%	0,41%	0,41%
05.10.12	114	113K	142K	7,80%	8,20%	8,10%	0,24%	0,24%
07.09.12	96	125K	141K	8,10%	8,30%	8,30%	-0,75%	0,75%
03.08.12	163	100K	64K	8,30%	8,20%	8,20%	0,32%	0,32%
06.07.12	80	90K	77K	8,20%	8,20%	8,20%	-0,28%	0,28%
01.06.12	69	150K	77K	8,20%	8,10%	8,10%	-0,43%	0,43%
04.05.12	115	170K	154K	8,10%	8,20%	8,20%	-0,47%	0,47%
06.04.12	120	203K	240K	8,20%	8,30%	8,30%	-0,70%	0,70%
09.03.12	227	210K	284K	8,30%	8,30%	8,30%	1,09%	1,09%
03.02.12	243	150K	203K	8,30%	8,50%	8,50%	0,55%	0,55%
06.01.12	200	150K	100K	8,50%	8,70%	8,70%	-0,27%	0,27%
02.12.11	120	120K	100K	8,60%	9,00%	9,00%	0,29%	0,29%
04.11.11	80	95K	158K	9,00%	9,10%	9,10%	0,22%	0,22%
07.10.11	103	53K	57K	9,10%	9,10%	9,10%	0,06%	0,06%
02.09.11	0	74K	85K	9,10%	9,10%	9,10%	-0,10%	0,10%
05.08.11	117	95K	46K	9,10%	9,20%	9,20%	-0,77%	0,77%
08.07.11	18	89K	25K	9,20%	9,10%	9,10%	-0,77%	0,77%
03.06.11	54	169K	232K	9,10%	9,00%	9,00%	-0,76%	0,76%
06.05.11	244	185K	221K	9,00%	8,80%	8,80%	0,40%	0,40%
01.04.11	216	188K	194K	8,80%	8,90%	8,90%	0,76%	0,76%
04.03.11	192	180K	63K	8,90%	9,10%	9,00%	-0,08%	0,08%
04.02.11	36	150K	121K	9,00%	9,60%	9,40%	0,62%	0,62%
07.01.11	103	150K	71K	9,40%	9,70%	9,80%	-0,20%	0,20%

9   Appendix 2: Kursabweichungen auf Tagesbasis im AUDUSD, Payrolls

Datum	Payrolls			Arbeitslosenquote			Abweichung in %	prozentualle Abweichung im Betrag
	Aktuell	Prgonose	Vorherige	Aktuell	Prognose	Vorherige		
06.03.15	295	240K	239K	5,50%	5,60%	5,70%	-0,82%	0,82%
06.02.15	257	234K	329K	5,70%	5,60%	5,60%	-0,01%	0,01%
09.01.15	252	240K	353K	5,60%	5,70%	5,80%	1,00%	1,00%
05.12.14	321	225K	243K	5,80%	5,80%	5,80%	-0,68%	0,68%
07.11.14	214	231K	256K	5,80%	5,90%	5,90%	0,89%	0,89%
03.10.14	248	215K	180K	5,90%	6,10%	6,10%	-1,47%	1,47%
05.09.14	142	225K	212K	6,10%	6,10%	6,20%	0,32%	0,32%
01.08.14	209	233K	298K	6,20%	6,10%	6,10%	0,16%	0,16%
03.07.14	288	212K	224K	6,10%	6,30%	6,30%	-1,04%	1,04%
06.06.14	217	218K	282K	6,30%	6,40%	6,30%	-0,09%	0,09%
02.05.14	288	210K	203K	6,30%	6,60%	6,70%	0,01%	0,01%
04.04.14	192	200K	197K	6,70%	6,60%	6,70%	0,65%	0,65%
07.03.14	175	149K	129K	6,70%	6,60%	6,60%	-0,19%	0,19%
07.02.14	113	185K	75K	6,60%	6,70%	6,70%	0,02%	0,02%
10.01.14	74	196K	241K	6,70%	7,00%	7,00%	1,09%	1,09%
06.12.13	203	180K	200K	7,00%	7,20%	7,30%	0,44%	0,44%
08.11.13	204	125K	163K	7,30%	7,30%	7,20%	-0,75%	0,75%
22.10.13	148	180K	193K	7,20%	7,30%	7,30%	0,57%	0,57%
06.09.13	169	180K	104K	7,30%	7,40%	7,40%	0,69%	0,69%
02.08.13	162	184K	188K	7,40%	7,50%	7,60%	-0,26%	0,26%
05.07.13	195	165K	195K	7,60%	7,50%	7,60%	-0,86%	0,86%
07.06.13	175	170K	149K	7,60%	7,50%	7,50%	-1,03%	1,03%
03.05.13	165	145K	138K	7,50%	7,60%	7,60%	0,68%	0,68%
05.04.13	88	200K	268K	7,60%	7,70%	7,70%	-0,57%	0,57%
08.03.13	236	160K	119K	7,70%	7,90%	7,90%	-0,33%	0,33%

01.02.13	157	160K	196K	7,70%	7,80%	7,80%	-0,16%	0,16%
04.01.13	155	150K	161K	7,80%	7,70%	7,80%	0,13%	0,13%
07.12.12	146	93K	138K	7,70%	7,90%	7,90%	0,03%	0,03%
02.11.12	171	125K	148K	7,90%	7,90%	7,80%	-0,62%	0,62%
05.10.12	114	113K	142K	7,80%	8,20%	8,10%	-0,53%	0,53%
07.09.12	96	125K	141K	8,10%	8,30%	8,30%	0,97%	0,97%
03.08.12	163	100K	64K	8,30%	8,20%	8,20%	1,02%	1,02%
06.07.12	80	90K	77K	8,20%	8,20%	8,20%	-0,75%	0,75%
01.06.12	69	150K	77K	8,20%	8,10%	8,10%	-0,25%	0,25%
04.05.12	115	170K	154K	8,10%	8,20%	8,20%	-0,84%	0,84%
06.04.12	120	203K	240K	8,20%	8,30%	8,30%	0,02%	0,02%
09.03.12	227	210K	284K	8,30%	8,30%	8,30%	-0,67%	0,67%
03.02.12	243	150K	203K	8,30%	8,50%	8,50%	0,64%	0,64%
06.01.12	200	150K	100K	8,50%	8,70%	8,70%	-0,21%	0,21%
02.12.11	120	120K	100K	8,60%	9,00%	9,00%	-0,07%	0,07%
04.11.11	80	95K	158K	9,00%	9,10%	9,10%	-0,43%	0,43%
07.10.11	103	53K	57K	9,10%	9,10%	9,10%	0,21%	0,21%
02.09.11	0	74K	85K	9,10%	9,10%	9,10%	-0,71%	0,71%
05.08.11	117	95K	46K	9,10%	9,20%	9,20%	-0,03%	0,03%
08.07.11	18	89K	25K	9,20%	9,10%	9,10%	-0,17%	0,17%
03.06.11	54	169K	232K	9,10%	9,00%	9,00%	0,30%	0,30%
06.05.11	244	185K	221K	9,00%	8,80%	8,80%	0,75%	0,75%
01.04.11	216	188K	194K	8,80%	8,90%	8,90%	0,67%	0,67%
04.03.11	192	180K	63K	8,90%	9,10%	9,00%	0,11%	0,11%
04.02.11	36	150K	121K	9,00%	9,60%	9,40%	-0,09%	0,09%
07.01.11	103	150K	71K	9,40%	9,70%	9,80%	0,29%	0,29%

The manufacturer's authorised representative in the EU is Springer
Nature Customer Service Centre GmbH, Europaplatz 3, 69115 Heidelberg,
Germany. If you have any concerns regarding our products, please
contact ProductSafety@springernature.com

Printed and bound by CPI Group (UK) Ltd, Croydon, CR0 4YY
27/04/2026
02097666-0010